Conocer las
aves

Primera edición: marzo de 2009

© del texto: Jaume Sañé
© de esta edición: Lectio Ediciones

Revisión de los textos: José Luis Copete

Fotografías del autor, excepto págs. 8, 12, 15, 21, 37, 99, 109, 114, 117, 125, 129
(Ferran Arumí) y 45, 49, 64, 65, 66, 67, 94, 97, 115, 118, 119, 127 (Jordi Bas)

Edita: Lectio Ediciones
C/ Violeta, 6 • 43800 Valls
Tel. 977 60 25 91
Fax 977 61 43 57
lectio@lectio.es
www.lectio.es

Diseño y composición: Imatge-9, SL

Impresión: Formes Gràfiques Valls, SA

ISBN: 978-84-96754-30-0

Depósito legal: T-67-2009

introducción

¿Qué es un ave?

¿Hay alguien incapaz de reconocer un ave? Por supuesto que no. Existen mamíferos que parecen peces, anfibios que parecen reptiles y serpientes que parecen gusanos. Pero un ave es un ave, no hay lugar a dudas, un animal con plumas, dos patas y un pico. Esta definición la cumplen las nueve mil especies de aves que existen, quinientas de las cuales, más o menos, se encuentran en el continente europeo. Nosotros somos afortunados. La situación geográfica de nuestro país invita a la mayor parte de las aves europeas a visitarnos, bien sea como especie de paso, como invernante procedente del norte o como estival procedente del sur. Y aparte están las especies sedentarias, claro. En conclusión, vivimos sin saberlo en un paraíso para las aves.

Animales con plumas...

Las plumas son, por supuesto, la característica que más identifica a todas las aves, una exclusiva que ningún otro ser ha logrado copiar. Científicamente, las plumas son modificaciones de las escamas de antiguos reptiles prehistóricos, una producción de la piel formada por proteínas que tiene una composición semejante a las uñas y los pelos. Su función es cubrir el cuerpo para aislarlo del exterior y, sobre todo, aumentar la superficie de las alas y la cola hasta lograr la condición indispensable para poder volar sin esfuerzo: como si fueran cometas, las aves necesitan ocupar mucho espacio y pesar muy poco.

Para cumplir con éxito su función, las plumas tienen un diseño especial. Un raquis central les permite ser al mismo tiempo resistentes y muy flexibles, mientras que a sus lados nacen cientos de filamentos muy delgados: son las barbas. Las barbas pesan muy poco y se enganchan entre ellas con miles de ganchos diminutos hasta formar una superficie muy ligera y a su vez resistente.

Existen plumas de formas y colores muy variados. Las de las alas y la cola están preparadas especialmente para poder volar y suelen ser las más fuertes y también las más grandes. Pero también hay plumas ornamentales

Detalle de las plumas de un avefría

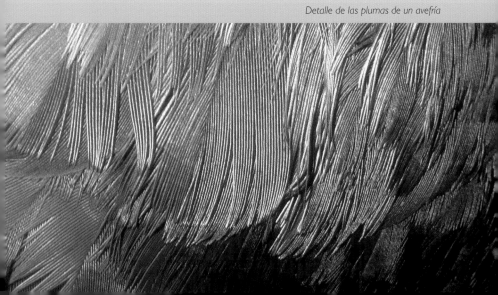

y otras más pequeñas, llamadas cobertoras, que recubren y protegen todo el cuerpo. Por debajo de las cobertoras se encuentra el plumón, que tiene la función de un aislante térmico, y que es mucho más abundante en las crías que necesitan mantener el escaso calor que genera su cuerpo.

El buen estado de las plumas tiene una importancia vital para las aves. Por esta razón tienen glándulas especiales que producen las grasas necesarias para su mantenimiento. Las patas y el pico son herramientas perfectas para distribuir este producto y mantener así en buen estado una por una todas las plumas del cuerpo.

En realidad, la técnica de vuelo varía en función del ave y de las condiciones ambientales. Las grandes rapaces, por ejemplo, abren sus alas inmensas y se dejan llevar por el viento como si fueran cometas. Pero hay otras especies, como los patos, que pesan mucho en relación con el tamaño de sus alas, por lo que deben batirlas con fuerza para poder arrancar el vuelo y mantenerse en el aire sin problemas.

Existen también algunas especies que han retrocedido evolutivamente. Sus plumas han perdido la función inicial y las barbas ya no están enganchadas entre ellas, sino que cuelgan del raquis como pelos largos y suaves. Son las aves corredoras, que han renunciado a volar y se desplazan solamente por tierra.

… con dos patas…

Las patas de las aves están recubiertas de escamas que crecen a partir de la propia piel, y que nos recuerdan todavía más que las aves son descendientes directos de unos reptiles primitivos. Y es evidente que, de la misma forma que ocurrió con las plumas o con el pico, la evolución de las patas también ha producido modelos muy diferentes en función de las necesidades.

En general, las aves más especializadas en el vuelo, como los vencejos, tienen patas poco desarrolladas hasta el punto de que pueden tener incluso problemas para soportar su propio peso. En cambio, las pocas aves no voladoras han desarrollado patas potentes y gruesas que en el caso de las avestruces han evolucionado de la misma forma que en algunos mamíferos especializados, como los caballos. El curso de la evolución ha demostrado que perder dedos y alargar las extremidades facilita un aumento de velocidad en tierra.

Los hábitos concretos de cada especie determinan exactamente la forma y el tamaño de sus patas. Así, por ejemplo, muchas aves acuáticas, como las gallinetas y las fochas, han desarrollado membranas interdigitales que ensanchan los dedos y facilitan la natación. Parece un primer paso evolutivo antes de llegar a la forma definitiva que tendrían los patos. En estas aves, la membrana ya se ha extendido por todo el espacio disponible entre los dedos y ha convertido las patas en una aleta perfecta para impulsar el cuerpo dentro del agua.

Otra opción es convertir las patas en una herramienta. Las aves rapaces las tienen convertidas en garras. Sus dedos tienen una gran potencia y unas uñas afiladas que les permiten sujetar con seguridad las presas una vez capturadas, e incluso matarlas. Los loros van más allá: sus patas son auténticas manos que sirven, si es preciso, para llevarse la comida a la boca. Todo lo contrario sucede con las aves terrestres como los faisanes o las

perdices, que tienen patas robustas con uñas fuertes que sólo son útiles para correr y para desenterrar los insectos y las semillas que constituyen su alimentación. En realidad, la alimentación es la clave de la supervivencia. Por esta razón la evolución alargó las patas de algunas aves acuáticas hasta convertirlas en auténticos zancos, lo que les permite buscar comida en aguas poco profundas sin mojar su cuerpo. Quien tiene las patas más cortas, se debe quedar en aguas más someras y no tiene tantas opciones de encontrar comida. A partir de aquí algunas especies, como algunas aves limícolas, han llegado a tener las patas mucho más largas que su propio cuerpo.

… y un pico

El pico de las aves tiene el origen en una modificación de algunas escamas como las que cubren las mandíbulas de las tortugas y de otros reptiles extintos. Consta de una parte interior ósea aferrada al cráneo recubierta de una vaina córnea más o menos endurecida llamada ranfoteca. Muchas aves fósiles tienen picos rectos y provistos de dientes, parecidos a los de los cormoranes y las serretas actuales. Pero la evolución ha modificado esta herramienta biológica en función de las necesidades de cada especie. Así, por ejemplo, las aves rapaces tienen picos fuertes y curvados muy útiles para descuartizar la carne, que pueden variar desde la potencia de los buitres y las águilas hasta la especialidad del delicado pico de los alimoches, diseñado para trabajar en las partes menos duras de las carroñas.

En general, las aves insectívoras tienen picos finos y delicados que les permiten sujetar con facilidad sus presas, mientras que los pájaros granívoros suelen tener picos más cortos y gruesos para poder abrir las semillas. Pero cada especie tiene sus adaptaciones particulares. El potente pico del picogordo, por ejemplo, le permite incluso abrir las duras semillas de las cerezas. Las mandíbulas del piquituerto, en cambio, se cruzan en sus extremos para convertirse en una herramienta diseñada específicamente para abrir las pequeñas piñas de los pinos silvestres.

La adaptación de las aves a la vida acuática ha dado como resultado una gran variedad de picos a veces muy especializados. Muchas especies, como los martinetes y las garzas, tienen picos largos y puntiagudos adaptados para la pesca. Las avocetas lo tienen doblado hacia arriba para repasar con facilidad la superficie del agua, y los moritos, en cambio, lo tienen doblado hacia abajo para capturar más fácilmente los invertebrados que habitan en el barro. La evolución aplanó el pico de las espátulas hasta convertirlo en una herramienta especializada, aunque una de las adaptaciones más sofisticadas es el pico de los flamencos: un auténtico filtro que, con la ayuda de la lengua, aspira el agua para aprovechar sus sustancias nutritivas y la vuelve a expulsar con una rapidez insuperable.

¿Por qué las aves construyen nidos?

La adaptación al vuelo exige mantener siempre el cuerpo con un peso mínimo, y esta condición no es muy compatible con el aumento de peso que necesariamente experimenta una hembra preñada. Las aves deben eliminar el sobrepeso que representan sus crías cuanto antes mejor, y lo hacen cuando aún son microscópicas, rodeadas, eso sí, de todo el alimento necesario para los primeros días y protegidas por una cubierta dura y transpirable al mismo tiempo. O sea, las aves ponen huevos. Así mantienen intacta la capacidad para el vuelo, aunque esta adaptación conlleva mucho trabajo. Los huevos deben mantenerse calientes hasta el momento de la eclosión y, además, deben alojarse en un lugar seguro y protegido: un nido.

Hay muchos tipos de nidos, aunque algunas aves lo llevan a la mínima expresión, simplemente ponen los huevos directamente en el suelo y confían en que el mimetismo los proteja de la hostilidad del entorno. Las perdices son un buen ejemplo de esta estrategia. Con este sistema, el nido sólo tiene utilidad durante la incubación, ya que los pollitos se espabilan poco después de nacer y enseguida son capaces de seguir a su madre y abandonar el nido. Decimos que son aves nidífugas.

La estrategia contraria son las aves llamadas nidófilas. Sus pollitos nacen muy desvalidos, así que los adultos tienen que construir nidos bien elaborados, capaces de acoger a los pollos hasta que sean capaces de volar. Entre las aves nidófilas se encuentran auténticos arquitectos capaces de construir nidos muy complicados. Las oropéndolas son las artífices de una de las construcciones más trabajadas: una taza que cuelga atada sólo por los bordes a las ramas horizontales de los árboles, una obra de arte superada solamente por los tejedores.

El nido de las urracas está muy elaborado

Ruiseñor común

Y el canto, ¿para qué sirve?

La voz de las aves tiene un origen particular y nada tiene que ver con la capacidad de emisión de sonidos de los mamíferos, que utilizan la laringe, una parte del conducto respiratorio situada encima de la tráquea. Las aves también tienen laringe, pero no les sirve para la producción de sonidos. Para esta función han desarrollado la siringe, un órgano vocal propio formado por un grupo de cartílagos anulares entre los cuales hay dos membranas en forma de media luna que son las cuerdas vocales. La siringe está situada en el extremo inferior de la tráquea, donde empiezan los bronquios, así que el pico y la lengua de las aves tienen poca influencia sobre el canto.

Algunas aves, como las cigüeñas, no tienen siringe, pero se comunican haciendo chasquear su fuerte pico que, al ser hueco, resuena a distancia como unas castañuelas. Otras, como las palomas torcaces y las tórtolas, utilizan el buche como bolsa de resonancia y lo hinchan y lo deshinchan como una gaita particular. Los trigueros o los pinzones, repiten sin descanso estrofas prácticamente idénticas. Los ruiseñores o los pardillos, en cambio, tienen cantos elaborados que necesitan cierto aprendizaje.

En todos los casos, los sonidos emitidos tienen una función comunicativa. Las aves cantan para decirse cosas, y cada canto en concreto es un mensaje que puede servir para comunicar a los otros vecinos que un territorio ya está ocupado, o para advertir de la presencia de un peligro inmediato.

A menudo, las aves que viven en espacios abiertos, como los sisones, no tienen necesidad de tener cantos muy potentes, ya que los machos pueden complementar el canto con elaboradas danzas sexuales. En cambio, muchas aves forestales, como los pájaros carpinteros, han desarrollado una voz muy potente que les permite comunicarse a distancia sin ningún contacto visual. El canto de las aves es especialmente útil para los ornitólogos, ya que permite identificarlas sin necesidad de verlas, hasta el extremo de que un buen experto en aves debe ser también necesariamente un experto en cantos. Y saber que algunas especies, como los arrendajos o los estorninos, pueden imitar perfectamente el canto de otras aves.

¿Cómo observar y ayudar a las aves?

Para observar aves no es imprescindible disfrazarse específicamente, aunque siempre es mejor vestir con colores discretos. Hay muchos lugares donde es posible realizar observaciones; en realidad, prácticamente en cualquier rincón donde hay un poco de naturaleza hay algún ave para observar, aunque sean gorriones o gaviotas. Aunque para empezar no es mala idea dirigirse a lugares donde las aves estén un poco acostumbradas a la presencia de los humanos, por ejemplo un parque urbano de una ciudad o los observatorios que nos ofrecen muchos parques naturales. Las zonas húmedas son especialmente recomendables porque acogen una gran densidad y variedad de especies de buen tamaño, especialmente en otoño e invierno, cuando una gran cantidad de aves migratorias procedentes del norte se reúnen en estas zonas. Para poder identificar bien las especies, necesitaremos unos prismáticos de ocho o diez aumentos y una buena guía de campo. Es posible ser autodidacta y aprender por nuestra cuenta, pero no es mala idea hacer alguno de los cursillos o excursiones ornitológicas que organizan las numerosas asociaciones naturalistas del país. Más adelante, si queremos profundizar en el tema, deberemos complementar los prismáticos con un buen telescopio y un trípode, que nos permitirá observar en detalle las especies más complicadas e identificar aves a distancia con mucha más facilidad. Actualmente, con la técnica del *digiscoping*, que permite adaptar una cámara de fotografiar al telescopio, es posible incluso tener recuerdos (que a veces se convierten en pruebas) de nuestras observaciones. Para fotografiar aves con una cámara convencional nos hará falta como mínimo un objetivo de 300 o 400 mm, combinado muchas veces con un escondrijo o *hide* de cualquier material y los permisos necesarios de la administración si se trata de especies

Observatorio de aves en el PN de los Aiguamolls de l'Empordà

Observatori Pallejà

Centro de información del Parque Nacional de Doñana

protegidas o parques naturales. La fotografía de nidos no es nada recomendable para los principiantes, debido al daño potencial que podemos
causar, especialmente si no tenemos la suficiente experiencia. Las aves
pueden abandonar el nido directamente debido a nuestra presencia.
Otras veces, con nuestra actividad dejaremos el rastro perfecto para que
los depredadores puedan localizar el nido. Por esta razón muchos concursos de fotografía de naturaleza no admiten las fotografías de nidos.

Afortunadamente, la observación de las aves suele ir acompañada
de un sentimiento de afecto hacia ellas y hacia la naturaleza en general.
Y aquí es cuando surge la pregunta "¿qué puedo hacer yo?". La respuesta
es muy sencilla. Respetar la naturaleza y las aves en particular y difundir
nuestros sentimientos como una doctrina ya es mucho. Pero aparte de
eso también hay pequeñas acciones concretas con las que podemos ayudar a las aves, como instalar un comedero en nuestro jardín, construir
y colocar cajas nido o atender un ave herida llevándola a un centro de
recuperación de fauna salvaje.

Gallineta recién nacida

Cómo construir un comedero para aves

La costumbre de instalar comederos para las aves no es ninguna novedad. Todo lo contrario, en muchos países del centro y el norte de Europa es algo muy normal. Se trata, de alguna manera, de ayudar a la gran cantidad de pequeñas aves que pasan el invierno al aire libre, mientras nosotros pasamos horas refugiados en casa con todo tipo de comodidades.

Un comedero básico es algo tan sencillo como una plataforma de madera de unos cuarenta centímetros de lado situada a un metro de altura en un punto tranquilo del patio o del jardín. Es muy conveniente clavar cuatro listones en los bordes de la plataforma para convertirla en una bandeja y evitar así que las aves echen la comida al suelo con sus movimientos. Un trozo de poste telefónico, por ejemplo, nos puede servir para sostener la construcción. Para mejorar el comedero, podemos añadir un pequeño tejado para evitar que la lluvia eche a perder la comida, y ya lo tendremos terminado.

En este artilugio pondremos periódicamente pan desmigajado, semillas para pájaros de las que venden en las tiendas, alguna manzana abierta por la mitad, sobras de comida de casa… Pronto veremos qué es lo que prefieren y lo que no. Eso sí, conviene saber que los primeros días no tendremos una gran cantidad de aves discutiendo por la comida. Más bien al contrario, los comederos no son muy abundantes y al principio las aves no se imaginan encontrar comida sobre un utensilio tan extraño, así que los invitados se presentan poco a poco, son tímidos ante la novedad. Aunque si somos constantes y procuramos tener la mesa siempre llena, pronto veremos aumentar la cantidad y la variedad de los comensales. En este tema todas las aves tienen buena memoria. Si cada año repetimos la experiencia, pronto nos daremos cuenta de cómo circulan las noticias también en el mundo de las currucas y los herrerillos.

Los visitantes del comedero serán más variados en función de la situación del mismo, pero el tipo de comida también influye en la variedad de los invitados. Las semillas de todo tipo, como alpiste, nabina, pipas de girasol o trigo, atraerán gorriones, pinzones, tórtolas turcas y otros pájaros granívoros: la fruta les sienta bien a los mirlos y las currucas; el pan rayado y la carne triturada satisfacen a muchas especies, los

La variedad en la oferta es la clave del éxito de los comederos

carboneros y herrerillos se lo comen casi todo… En años muy fríos, el comedero será más visitado, y si tenemos constancia, nos percataremos de que muchas aves recuerdan perfectamente la situación del comedero y, además, cada año aparecen nuevos visitantes. Hay por lo menos unas veinte especies de aves que acuden a los comederos artificiales. Todo depende de la situación del comedero y de la variedad de los platos. Los carboneros y herrerillos, los gorriones, los mirlos, las currucas, los pinzones, los verderones, los petirrojos y el acentor común son algunos de los más habituales. Pero si tenemos suerte, también puede aparecer el trepador azul o el arrendajo y, en inviernos muy fríos, el pinzón real o el picogordo.

Cuando tengamos el comedero en pleno funcionamiento, podemos empezar a ofrecer platos especiales. Por ejemplo, si cogemos un alambre y enhebramos un buen puñado de cacahuetes sin sal, tendremos preparado el plato preferido de carboneros y herrerillos. Sólo nos queda colgar la retahíla cerca del comedero y, un poco apartados, gozar con las mil y una cabriolas que nos ofrecerán estos pequeños pájaros trapecistas.

Si tenemos tiempo y ganas, podemos preparar un plato todavía más elaborado: pastel de grasa con pipas y nabina. Para hacerlo, calentaremos grasa animal en un barreño hasta licuarla, mezclaremos pipas sin sal, nabina, alpiste, panizo y otras semillas, lo revolveremos hasta que quede todo bien mezclado y después lo dejaremos enfriar. Esta pasta la podemos colocar directamente sobre el comedero. Pero si la apretamos dentro de un agujero de un tronco o la colgamos de una rama envuelta en una red, tendremos todas las cartas para atraer carboneros y herrerillos y quizá otros pájaros insectívoros, como los pájaros carpinteros o el trepador azul.

A los luganos les gusta especialmente la semilla de nabo

Normas básicas para construir un comedero de aves

• Es muy conveniente instalar el comedero alejado del suelo, para evitar que nuestro comedero de aves se convierta en un comedero para gatos.

• Es mejor colocarlo, si es posible, cerca de un árbol o un cercado vegetal, para favorecer a los pájaros más tímidos que no quieren alejarse de la cobertura vegetal.

• Conviene ser constante en llenar el comedero, ya que las aves llegan a acostumbrarse a esta fuente de alimento y, si desaparece de repente, lo pueden pasar mal.

• Ofrecer la máxima variedad de comida es la mejor garantía para atraer mayor diversidad de aves.

• Para los interesados en la fotografía de aves, es aconsejable instalar un escondrijo cerca del comedero, desde donde podremos fotografiar de cerca pájaros a veces ariscos en condiciones normales.

• Es posible que algunos pájaros, como los picogordos o los pinzones reales, no acudan cada invierno a la cita, ya que son migradores procedentes del norte de Europa que no siempre llegan a la Península con la misma abundancia.

• Al llegar la primavera, dejaremos de ofrecer alimento. Ahora hay comida abundante en todas partes y es mejor que cada uno aprenda a buscarse la vida.

Cómo construir e instalar una caja nido

Los árboles viejos, llenos de agujeros en el tronco y las ramas, han sido durante milenios un recurso natural e inagotable de refugios óptimos para las aves. Pero en la actualidad, los árboles centenarios son cada vez más escasos debido a las talas continuas de los bosques. Y esta pérdida de grandes árboles y de agujeros naturales se puede compensar en parte con la instalación de cajas nido, que no son tan agradables a la vista como un agujero de un roble añejo, pero que pueden ser igualmente confortables. Por suerte, muchos pájaros lo han entendido perfectamente, y la mayor parte de las especies que crían en cavidades naturales aceptan también las cajas nido.

Los detalles constructivos

Cuando pensamos en una caja nido, algunos nos acordamos de aquellas cajas de color verde con tejado inclinado que el antiguo Icona repartía por doquier en los años setenta. Este sería el modelo "tradicional" de caja nido y, sin lugar a dudas, el primero que se implantó en nuestros bosques. Pero actualmente llevamos ya muchos años de experiencia con cajas nido, y hemos visto cómo les afecta el paso del tiempo y cuáles son las ventajas y los inconvenientes de los diferentes modelos. Uno de los errores constructivos más evidentes de aquellas cajas nido típicas es que colgaban de un alambre sujeto al centro del tejado, así que, poco a poco, el paso del tiempo y el peso de la caja iban desclavando los clavos hasta dejar el tejado colgando y la caja estrellada en el suelo; un problema que no sólo acortaba la vida útil de las cajas, sino que afectaba también a la seguridad de las aves.

Actualmente hay tiendas especializadas que venden cajas nido que cumplen todas las condiciones de seguridad, incluidos los modelos de hormigón, que son casi eternos. Pero también es posible construir nuestras propias cajas si disponemos de madera reciclada y tenemos la voluntad de ocupar una parte del tiempo libre en esta causa. La recompensa que supone ver nuestra caja ocupada siempre será más alta si se trata de un modelo artesanal. Una caja nido convencional puede medir aproximadamente doce centímetros de ancho, y entre quince y veinte centímetros de altura. Hay que tener presente que si colgamos la caja un poco inclinada, nos ahorraremos el trabajo de ajustar la inclinación del tejado. Con las mismas proporciones, podemos hacer cajas un poco más grandes que fácilmente serán ocupadas por estorninos y, con suerte, por otras aves más interesantes como las abubillas o los torcecuellos. Sea como sea la caja que decidamos construir, debemos colgarla bien asida por los lados o bien fijarla directamente al tronco para garantizar la seguridad de las aves.

Diferentes modelos de cajas nido

Las cajas nido "convencionales" satisfacen a la mayor parte de especies, en función de la medida del agujero de entrada, las dimensiones de la caja y, sobre todo, del lugar donde está colocada. Pero también podemos construir cajas nido pensadas expresamente para especies concretas, a sabiendas de que muchas veces las encontraremos ocupadas por invitados que no estaban previstos.

Las cajas nido cumplen también una función educativa

CARBONEROS Y HERRERILLOS. Son las aves más pequeñas que ocupan las cajas nido y, por lo tanto, podemos hacer cajas específicas para ellas reduciendo el agujero de entrada hasta los 28 mm, lo que es suficiente para evitar la entrada de los gorriones, que por otra parte son muy abundantes y no necesitan una protección especial. Si colocamos las cajas dentro del bosque, apartadas de casas de campo y zonas habitadas, favoreceremos también a los carboneros y herrerillos, ya que los gorriones raramente se adentran en el bosque.

AGATEADOR COMÚN. Los agateadores ocupan a veces las cajas pensadas para carboneros y herrerillos, pero podemos construir cajas específicas para ellos teniendo en cuenta que son pájaros di-

Un pollo de herrerillo capuchino momentos antes de abandonar la caja

minutos que pasan el día pegados a los troncos de los árboles. Las cajas para agateadores son más altas que anchas, deberán estar clavadas o bien atadas al tronco y deben ofrecer un agujero alargado de unos 2,5 cm de ancho y 6-8 cm de alto situado en la parte superior de la caja, pegado al tronco.

ABUBILLA. Las abubillas ocupan cajas convencionales pero un poco más grandes, con una base de 16 × 16 cm y un agujero de entrada de 60-70 mm de diámetro. Deberemos poner la caja cerca de casas rurales, entre campos y huertas o en los límites del bosque, nunca en el interior del bosque espeso, con el inconveniente de que estas zonas son las preferidas también por los estorninos, que ocuparán las cajas muy fácilmente. Daremos ventaja a la abubilla poniendo la caja a poca altura (menos de dos metros) y bien fijada entre piedras o anclada en una pared, ya que a los estorninos no les gusta criar tan cerca del suelo.

TREPADOR AZUL. Los trepadores azules pueden ocupar cualquier caja nido siempre que tenga un diámetro de entrada de unos 35-40 mm como mínimo. Pueden criar en cajas nido convencionales colgadas de un alambre y también en cajas pegadas a los troncos de los árboles. Con los trepadores hay que tener en cuenta que cuando el agujero es demasiado grande ellos mismos lo reducen a su medida colocando barro alrededor y también en las rendijas de la entrada. Así que es aconsejable que las cajas nido pensadas para los trepadores no tengan la puerta de inspección delantera, ya que al abrir la caja estropearíamos su construcción.

RAPACES NOCTURNAS. La mayor parte de las rapaces nocturnas (lechuzas, cárabos, mochuelos y autillos) crían en agujeros naturales, y son inquilinos potenciales de las cajas nido. Las cajas adscritas a estas especies deben estar bien ancladas a los troncos de grandes árboles, ya que, excepto los autillos, la mayor parte no se encuentran cómodas en una caja que oscila con el viento. Las medidas varían en función de la especie, desde unos 15 × 15 cm de base para los autillos, los mochuelos y las lechuzas de Tengmalm hasta unos 30 × 40 cm como mínimo para las lechuzas y los cárabos. Igualmente, los agujeros de entrada variarán desde unos 70-80 mm para las especies pequeñas hasta unos 200 mm para las más grandes. Podemos decidir a nuestro gusto la forma concreta de la caja, teniendo en cuenta que la entrada no quede expuesta directamente a la lluvia. Conviene colocar las cajas en árboles con hiedras o líquenes donde queden más integradas. En el caso de las lechuzas, también se pueden colocar dentro de edificios abandonados carentes de agujeros, siempre en los puntos más altos. En todo caso, hay que tener en cuenta que el índice de ocupación de las rapaces nocturnas es siempre más bajo que en otras especies.

Normas básicas para instalar y mantener una caja nido

• Procuraremos colgar las cajas nido mucho antes de la época de cría, para que las aves tengan tiempo de acostumbrarse a su presencia.

• Las situaremos entre dos y seis metros de altura, pegadas al tronco o colgando de una rama, mejor en los valles que en las lomas.

• La orientación de la caja no es muy importante, pero evitaremos a ser posible la cara norte. También es mejor situarla a la sombra que a pleno sol.

• Es conveniente pintar la parte exterior de las cajas para protegerlas de las inclemencias del tiempo. Si lo hacemos con colores naturales, mucho mejor.

• Con una o dos cajas instaladas cada mil metros cuadrados de bosque o cultivos es más que suficiente. Si las colocamos a lo largo de un camino, dejaremos una separación de unos 70 u 80 metros entre ellas, más o menos.

• La forma y el tamaño de una caja nido son factores variables. Cualquiera puede hacer una caja a su gusto probando ideas propias, siempre que cumplan unas condiciones mínimas de seguridad para las aves.

• Los diámetros de entrada del agujero seleccionarán directamente a los inquilinos. Éstas son unas medidas orientativas:

• Trepador azul: 25-30 mm
• Chochín: 50 mm
• Petirrojo: 30-60 mm
• Carboneros y herrerillos: 28-32 mm
• Colirrojo tizón: 35-50 mm
• Torcecuello, abubilla, estornino: 50-70 mm
• Gorrión molinero: 28-45 mm
• Autillo y mochuelo: 70-100 mm

• Al terminar el verano, es recomendable vaciar las cajas y así limpiarlas de posibles parásitos. Además, las aves siempre preferirán los agujeros limpios y aseados.

• En zonas boscosas, es posible que el pico picapinos ensanche los agujeros de entrada para depredar sobre los huevos o pollos. Conviene restaurar estas cajas abiertas cambiando la tapa delantera, o bien clavando otra madera encima con el agujero convencional. Si continúan los problemas, lo mejor es forrar la zona de la entrada con plancha de aluminio.

• Hay que retirar las cajas podridas o viejas y cambiarlas por otras nuevas antes de que ocurra un accidente. En todo caso, es mejor retirar una caja en mal estado aunque no tengamos recambio que dejarla en el bosque y favorecer que las aves críen en un lugar inseguro.

Los pollos de las rapaces nocturnas dejan el nido antes de volar, pero eso no significa que estén abandonados

¿Qué hay que hacer con un pollito abandonado?

Cada primavera llegan a los centros de recuperación de fauna salvaje cantidad de pollitos supuestamente abandonados. La gente los encuentra y los recoge con muy buena intención, pero hay que saber que no todos necesitan nuestra ayuda. Algunas aves abandonan el nido cuando están muy crecidas pero aún no pueden volar, y se mueven por las ramas de los alrededores, donde los padres continúan aportándoles comida. Con este sistema aumenta el índice de supervivencia de la pollada, ya que para los depredadores es más difícil localizar uno por uno a todos los polluelos. Los cárabos y los búhos chicos, y a veces los gorriones e incluso los zorzales y los mirlos, pertenecen a este tipo de aves que parecen tener prisa por abandonar el nido, y a menudo dejan su casa natal cuando todavía

Un flamenco herido: hay que inmovilizar pies y alas y aguantar el pico

son incapaces de levantar el vuelo. Y ocurre a menudo que alguien los descubre y los confunde con un pollito abandonado que pide protección, ya que los padres guardan distancias por su propia seguridad y a menudo no aparecen cerca de los pollos. Por supuesto, podemos tener muy buena intención, pero evidentemente nada es mejor que un padre y una madre. Por lo tanto, hay que pensarlo dos veces antes de recoger un supuesto pollito abandonado, especialmente si se trata de una rapaz nocturna.

De todas maneras, también es posible encontrar un pájaro realmente necesitado. Los pollitos de los vencejos, por ejemplo, caen a veces de sus nidos y aparecen en las calles de las ciudades. También nos podemos encontrar con un pájaro herido o envenenado… Entonces lo mejor que podemos hacer es llevarlo a un centro de recuperación de fauna salvaje, ya que las especies salvajes necesitan cuidados y alimentación específicos que sólo un especialista les puede dar. Lo pondremos en una caja de cartón con unos cuantos agujeros y lo trasladaremos al centro de fauna lo antes posible o bien llamaremos a los agentes rurales para que vengan a recogerlo. Hay que tener presente, además, que la mayor parte de las especies de aves de nuestra fauna están protegidas por la ley y, por lo tanto, también está prohibida su tenencia en cautividad.

El anillamiento científico
Para entrar más a fondo en el mundo de las aves

Es posible que, con el tiempo, nuestro interés por las aves vaya aumentando, y entonces querremos ir más allá en este mundo apasionante. Muy poca gente, sin embargo, tiene la suerte de poder dedicar su vida profesional al mundo de los pájaros. La mayor parte de ornitólogos son *amateurs* que llenan las horas libres observando, fotografiando e incluso anillando pájaros. Y la verdad es que el anillamiento es una manera de colaborar en el conocimiento de la biología de los pájaros, y en concreto de sus movimientos migratorios. Y, al final, una mejora en el conocimiento de las especies siempre acaba siendo beneficioso cuando se trata de trabajar en conservación.

El anillamiento científico de las aves consiste en capturarlas y colocarles una anilla pequeña y ligera en una pata. La anilla lleva grabados un número y una inscripción, normalmente suficiente para que quien la encuentre pueda enviarla al lugar de origen. Esta técnica, actualmente muy desarrollada, ha contribuido muchísimo al conocimiento de las migraciones, y ha permitido comprobar velocidades de vuelo y distancias realmente sorprendentes. Hay datos de pinzones comunes anillados en Rusia que se han desplazado hasta España en pocas semanas, y éste es sólo un ejemplo concreto.

En realidad, el éxito del anillamiento depende de la colaboración de la gente que encuentra un pájaro anillado, bien sea vivo o muerto. En cualquier caso, se trata de escribir la inscripción completa de la anilla y añadir unas notas sobre el estado en que hemos encontrado el pájaro, cuáles suponemos que fueron las causas de su muerte, en qué fase de descomposición se encontró, etc. No hay que olvidar anotar también nuestro nombre y dirección, para que así el centro anillador nos pueda contestar e informarnos sobre la procedencia del pájaro y la fecha en que fue anillado. Si es posible, lo mejor es añadir la misma anilla aplanada y enganchada con cinta adhesiva. Toda esta información la enviaremos a la dirección inscrita en la anilla, si se puede leer, o bien a la entidad ornitoló-

Un pollo de avetoro recién anillado

Anillamiento de pollos de flamenco en Fuentedepiedra (Málaga)

gica que tengamos más a mano. Si por alguna casualidad cae en nuestras manos un pájaro vivo que lleva una anilla, lo más recomendable es copiar con detalle toda la inscripción y, si se encuentra en buen estado, devolverle la libertad cuanto antes. En otro caso ya sabemos que conviene llevarlo a un centro de recuperación.

El centro de anillamiento debe informar a quien ha enviado la anilla del lugar y la fecha exacta donde el pájaro fue anillado, de manera que podemos satisfacer nuestra curiosidad y, al mismo tiempo, colaborar un poco con los ornitólogos que estudian las aves. Para los más interesados, he aquí un listado con algunas direcciones donde nos podemos dirigir si queremos entrar más a fondo en el mundo de las aves.

Sociedad Española de Ornitología
c/ Melquíades Biencinto, 34
28053 Madrid
Tel. 914 340 910 / Fax 914 340 911
seo@seo.org
www.seo.org

Oficina de Especies Migratorias
Dirección General de Vida Silvestre
Ministerio de Medio Ambiente
Gran Vía de San Francisco, 4
28005 Madrid
oem@mma.es
Tel. 915 964 984
Fax 915 964 809

Institut Català d'Ornitologia
Museu de Ciències Naturals
Passeig Picasso, s/n
08003 Barcelona
Tel. 934 587 893
ico@ornitologia.org
www.ornitologia.org

**Grup Balear d'Ornitologia
i Defensa de la Naturalesa (GOB)**
Manuel Sanchis i Guarner, 10
07004 Palma de Mallorca
Tel. 971 496 060 / Fax 971 711 375
gob@ocea.es
www.gobmallorca.com

las aves

Zampullín común
Tachybaptus ruficollis

¿Cómo es?

1 El zampullín chico o común tiene el aspecto de un pequeño pato, del tamaño de una paloma. En época de cría presenta el cuello rojizo y una mancha clara muy visible en la base del pico. En invierno el plumaje es mucho más apagado, oscuro hacia las alas y más claro en la zona del cuello y la cabeza.

¿Cómo vive?

2 Los zampullines son aves tímidas que, como su nombre indica, se zambullen bajo el agua con mucha facilidad, bien sea para desaparecer ante un peligro o para buscar comida. Viven en aguas dulces con poca corriente, ciénagas y estanques, y se alimentan de pequeños insectos, caracolillos y materia vegetal. Los nidos son auténticas plataformas de vegetación que flotan en la superficie sujetas a la enea o al carrizo. Normalmente ponen cuatro o cinco huevos blancos, que tapan muy rápidamente con hojas cuando dejan el nido. Los pollos, muy avispados, tienen un diseño rayado chillón, y siguen a su madre enseguida encaramándose a menudo a su espalda.

Curiosidades

3 El zampullín chico es un ave abundante en todas las zonas húmedas ibéricas. En el interior depende directamente de las masas de agua dulce, coloniza enseguida pequeños estanques y balsas de riego, e incluso pequeños pantanos artificiales donde aprovechan la vegetación acuática de la cola del embalse para instalar su nido flotante.

Especies semejantes

4 El zampullín cuellinegro, escaso como nidificante y más frecuente como ave de paso o invernante. Es un poco más grande que el zampullín chico y, en la época de cría, no tiene la vistosa mancha blanca debajo del pico.

Somormujo lavanco
Podiceps cristatus

¿Cómo es?

1

Aunque no lo parece, se trata de un pariente próximo del zampullín chico, aunque mucho mayor, del tamaño de un ánade real. En primavera, es inconfundible por el penacho de plumas que adornan su cabeza. En invierno, en cambio, pierde las plumas ornamentales y muestra un diseño mucho más discreto, de tonos grises y blancuzcos.

¿Cómo vive?

2

Los somormujos lavancos viven en grandes masas de agua dulce, ricas en pequeños peces, ranas, caracoles e insectos acuáticos que capturan bajo el agua. Construyen un nido flotante a base de materia vegetal que ellos mismos se encargan de entrelazar con la vegetación de la orilla. El resultado es una plataforma flotante estable que se adapta de esta manera a los posibles cambios del nivel del agua, donde la hembra pone de tres a cuatro huevos blancuzcos que incuban ambos sexos. Los pollitos nacen al cabo de casi un mes, y tienen un diseño muy vistoso con rayas claras y oscuras en todo el cuerpo. A los pocos días nadan hábilmente junto a sus padres y son capaces de encaramarse en su dorso.

Curiosidades

3

Los somormujos se alimentan de pequeños peces y algunos pescadores egoístas no encajan bien esta "competencia". Cuando el somormujo captura casualmente un pez enganchado en un anzuelo, acaba pagando el error con su vida.

Especies semejantes

4

En primavera y en verano los somormujos son inconfundibles. En invierno, en cambio, es posible confundirlos con los colimbos, aves marinas procedentes del norte que tienen un diseño invernal parecido.

Cormorán grande
Phalacrocorax carbo

¿Cómo es?

1   A lo lejos, el cormorán aparece como un ave de color negro azabache, con una pequeña mancha clara en la garganta. Cuando nada, lleva el cuerpo muy sumergido en el agua y la cabeza erguida, mirando hacia delante y un poco hacia arriba.

¿Cómo vive?

2   Los cormoranes son aves pescadoras. Dentro del agua, mantienen las alas apretadas al cuerpo y nadan con mucha habilidad sólo con el impulso de las patas. Pero a diferencia de muchas otras aves acuáticas, como los patos, sus plumas no son impermeables y después de unas cuantas inmersiones los cormoranes quedan empapados, y deben pasar un buen rato en tierra, expuestos al sol y al viento, con las alas bien abiertas, hasta conseguir secar bien todo el plumaje. En España llegan mayormente en invierno. Suelen aparecer en el mes de octubre, provenientes de zonas de cría de otros países europeos, y pasan el invierno en ríos, deltas, ciénagas y pantanos. En el pantano de Sau, en Gerona, acostumbran a tomar el sol en la punta del campanario del antiguo pueblo de Sau, que yace sumergido en las aguas de este gran depósito artificial.

Curiosidades

3   En algunas regiones de China perdura la costumbre de adiestrar cormoranes para la pesca. Los pescadores capturan los cormoranes en el nido y les enseñan a pescar para ellos. Una anilla alrededor del cuello asegura que durante la sesión de "trabajo" los cormoranes no se puedan tragar los peces, que sus amos recogen directamente de su garganta.

Especies semejantes

4   El cormorán moñudo, de tamaño un poco menor, nidifica en la Cornisa Cantábrica y en Baleares. Durante la época de cría, tiene un pequeño penacho de plumas en la cabeza.

Alcatraz
Sula bassana

¿Cómo es?

1
El alcatraz es un ave majestuosa, del tamaño de un buen pato doméstico. En vuelo, muestra las alas largas y estrechas, con las puntas negras que destacan sobre el resto del cuerpo blanco. El color de los jóvenes es muy oscuro y va aclarándose poco a poco con los años.

¿Cómo vive?

2
Los alcatraces son aves marinas, que pasan la mayor parte del tiempo en el mar sin acercarse a tierra firme. Localizan los peces desde unos veinte metros de altura, y se dejan caer en un picado fulminante, llegando a velocidades próximas a los 100 km/h. Este empuje les permite sumergirse hasta 15 metros, donde capturan los peces con mucha habilidad y la ayuda de su potente pico.

Los alcatraces crían en grandes colonias en islas y costas del norte de Europa. Terminada la cría, adultos y jóvenes se dirigen al mar y se dispersan buscando comida. Es así como, siguiendo la costa atlántica, pasan el estrecho de Gibraltar y llegan incluso al Mediterráneo. Durante el tiempo que están aquí, sobre todo en invierno, es fácil observarlos desde los barcos o a veces también desde la costa, pero siempre volando o chapuzándose, nunca en tierra firme, a no ser que se trate de un ave herida o enferma.

Curiosidades

3
Como todas las aves marinas, los alcatraces son muy sensibles al petróleo derramado en el mar y también a los plásticos y escombros que flotan por la superficie. Los alcatraces chocan a veces con estos desperdicios cuando se lanzan para pescar, y llegan a romperse el pico y a morir después lentamente, incapacitados para pescar.

Avetoro
Botaurus stellaris

¿Cómo es?

1   El avetoro es pariente de garzas y martinetes, y tiene el mismo color del carrizo en invierno, así que puede pasar muy desapercibido. Cuando se siente amenazado, abre sus alas y eriza su plumaje, para parecer mucho mayor.

¿Cómo vive?

2   Le gustan las grandes extensiones de carrizo, donde encuentra peces, ranas, insectos y cangrejos americanos, una de sus comidas preferidas. En España es un ave muy escasa en invierno y también como ave nidificante, aunque cría irregularmente en los Aiguamolls de l'Empordà, en el delta del Ebro y en la Albufera de Mallorca.

Curiosidades

3   El avetoro es el protagonista de una curiosa leyenda ampurdanesa, según la cual, en un mal año para las cosechas, los campesinos decidieron juntar todo el grano y repartirlo, para ayudar así entre todos a los que se habían quedado sin nada. Un egoísta que no estaba de acuerdo con el trato entró por la noche en el molino, cargó su carreta con el trigo de la comunidad y huyó a través de las ciénagas para no ser visto. Pero la carreta se atascó y se hundió lentamente en el lodo hasta desaparecer. La leyenda dice que desde entonces, el espíritu de aquellos desafortunados bueyes se manifiesta cada primavera en forma de un mugido misterioso que surge de la espesura de las ciénagas. Y este mugido no es nada más que el profundo canto del avetoro, conocido también como *bou* o *toro* en el Ampurdán.

Especies semejantes

4   Sólo se puede confundir con un martinete joven, mucho más pequeño y moteado.

Martinete
Nycticorax nycticorax

¿Cómo es?

1 Diseño gris y negro inconfundible. Si le vemos de cerca, gozaremos con sus grandes ojos rojos y brillantes.

¿Cómo vive?

2 Los martinetes son aves pescadoras, que pueden pasar largas horas inmóviles esperando su presa. Así capturan sobre todo ranas y peces. Como muchas aves de su familia, acostumbran a criar en colonias, que suelen instalar en un carrizal o bien en las copas de los árboles ribereños, donde llegan fácilmente a juntarse varias docenas de parejas en una misma comunidad de vecinos. Muy a menudo estas colonias son compartidas con otras aves de la misma familia de las ardeidas, como las garzas, las garcillas bueyeras o las garcetas comunes. Cuando los pollos están crecidos, los habitantes de la colonia emiten una algarabía que se oye a distancia y que contrasta con el carácter discreto de estas aves, que durante el resto del año pasan muy desapercibidas.

Curiosidades

3 El martinete es un ave tímida, el más nocturno de toda su familia, pero también lo podremos ver de día, especialmente en la época de cría, cuando está atareado en buscar comida para sus pollitos. En invierno, los martinetes migran hacia el sur y prácticamente desaparecen.

Especies semejantes

4 A corta distancia, un martinete adulto es inconfundible, pero los jóvenes son muy diferentes, de color pardo con pequeñas manchas claras, y los podemos confundir con un pariente suyo muy escaso: el avetoro.

Garcilla bueyera
Bubulcus ibis

¿Cómo es?

1 En invierno la garcilla es un ave blanca como la nieve, pero en primavera las plumas del cogote, el pecho y la espalda adquieren unos suaves tonos anaranjados.

¿Cómo vive?

2 La garcilla bueyera es la más terrestre de la familia de aves zancudas, que incluye también martinetes y garzas. La observaremos fácilmente en las zonas húmedas, y cada vez más hacia el interior, a menudo en grupitos que siguen al ganado doméstico para aprovechar los insectos que alzan a su paso. A veces, las garcillas se posan encima del ganado para comer los tábanos y los otros parásitos que se acercan a picarlos. Es una especie en expansión, abundante en Extremadura y el oeste de Andalucía. También hay colonias de cría en el valle medio del Tajo y el delta del Ebro, donde en otoño cientos de ejemplares siguen a los tractores que trabajan los arrozales.

Curiosidades

3 La garcilla bueyera es originaria de África, pero ya hace años que está en expansión y ha invadido zonas templadas de todo el mundo, desde Europa hasta Sudamérica. Recientemente ha llegado también a Australia.

Especies semejantes

4 La garceta común es un poco mayor y con pico negro más largo y patas negras con dedos amarillos. En época de celo, cuando las garcillas tienen partes del cuerpo de color naranja, también se puede confundir con la garcilla cangrejera, pero ésta tiene el pico azulado, el color naranja más acentuado y repartido por todo el cuerpo, y una cresta de plumas muy largas y vistosas en el cogote.

Garceta común
Egretta garzetta

¿Cómo es?

1 Como una garcilla bueyera pero más grande, con el pico más largo y delgado y de color negro. Las patas también son negras, aunque los dedos de los pies son de color amarillo.

¿Cómo vive?

2 Busca la comida dentro del agua, y le gusta especialmente remover el fondo con movimientos nerviosos de los pies para obligar a salir a las pequeñas presas escondidas. A veces pasa mucho rato trabajando sin éxito; sin embargo, cuando aparece una presa, la atrapa con gran habilidad disparando su pico largo y delgado como un arpón. Cría en colonias mixtas en el carrizo o bien en árboles, conjuntamente con la garcilla bueyera y otros martinetes. Es fácil verla en las zonas húmedas del litoral mediterráneo y también en el interior, en Extremadura, Madrid y Andalucía occidental, siempre cerca de masas de agua dulce.

Curiosidades

3 En la época de celo, las garcetas comunes adornan su cuerpo con finas plumas blancas que tienen un carácter puramente ornamental. Con el ave en reposo sólo es posible observar dos plumas largas que penden de su cogote; así, su silueta recuerda la de una garcilla bueyera un poco más estilizada. Pero en la colonia de cría las garcetas erizan las plumas de su espalda y adquieren un aspecto muy diferente. Años atrás las garcetas comunes fueron perseguidas por esta causa, ya que las plumas de su plumaje nupcial eran utilizadas para decorar sombreros de señoras de la alta sociedad.

Especies semejantes

4 La garcilla bueyera es más pequeña y con el pico amarillo. La garceta grande es mucho mayor, del tamaño de una garza real, también de color blanco pero con el pico amarillo.

Garza imperial
Ardea purpurea

¿Cómo es?

1   La garza imperial recuerda a la garza real, tanto por la forma y el tamaño como por sus costumbres. Su coloración entre tonos óxido y azulados la convierten en un ave muy vistosa.

¿Cómo vive?

2   Mucho más ligada a las grandes masas de agua dulce que la garza real y en especial a las zonas cerradas, por lo que su observación es más difícil. En España es un ave estival, que llega cada primavera procedente de África, y desaparece otra vez pasado el verano. En migración puede aparecer en cualquier zona húmeda, pero en época de cría sólo abunda en el valle del Ebro, Doñana y su entorno y algunos humedales de Madrid y la Comunidad Valenciana. También hay núcleos aislados de cría en Castilla y Extremadura. Algunas parejas aprovechan colas de pantano y otras masas de agua de origen artificial.

Curiosidades

3   El diseño mimético del plumaje de la garza imperial le permite pasar desapercibida en el carrizo. Cuando se siente amenazada, tanto los pollitos como los adultos adoptan una curiosa postura estática, con el cuello bien estirado y la cabeza y el pico apuntando al cielo, de manera que la coloración de su cuerpo se confunde con las líneas verticales del carrizo. Este comportamiento también es propio del avetoro y del avetorillo común, dos miembros de la misma familia de las garzas aún más especializados si cabe en el arte del camuflaje.

Especies semejantes

4   No hay posibilidad de confusión con un animal adulto, pero una garza imperial joven se puede confundir con una garza real.

Garza real
Ardea cinerea

¿Cómo es?

1

La garza real es un ave señorial, alta y esbelta, de color
gris azulado. Cuando toman el
sol con las alas entreabiertas,
toman por unos minutos un aspecto muy diferente.

¿Cómo vive?

2

Es un ave acuática que se alimenta de peces y ranas, pero es
muy adaptable y también captura
todo tipo de animalillos, a veces
lejos del agua. Pueden cazar pequeños roedores, en este caso
después vomitan el pelo y los
huesos que no han digerido en
bolas compactas llamadas egagrópilas, semejantes a las que producen las rapaces nocturnas.

Las garzas reales se instalan en
colonias que a veces reúnen docenas de parejas y que reutilizan
año tras año si no son molestadas.
En las provincias del interior, cría
localmente en los bordes de ríos
grandes o pantanos, preferible-
mente en grandes árboles cerca
del agua, aunque también se pue-

den instalar en los carrizales. Algunos ejemplares aislados acostumbran
también a visitar pequeñas balsas de riego.

Curiosidades

3

En España cría en Castilla y León, Extremadura y Andalucía occidental,
y la población parece en expansión. En Barcelona existe una importante
colonia urbana resultado de ejemplares escapados del zoo en los años
setenta. Las garzas reales también se han acomodado en otras ciudades
tan diferentes como Ámsterdam, Estocolmo o Nairobi. Sitúan los nidos
en árboles grandes y, en caso de peligro, acostumbran a defenderse vomitando la comida medio digerida encima del intruso.

Especies semejantes

4

Los ejemplares jóvenes de garza imperial, que aún no tienen el plumaje propio de su especie.

Cigüeña
Ciconia ciconia

¿Cómo es?

1   La cigüeña es la más inconfundible de nuestras aves, con el cuerpo de color blanco, alas negras y patas y pico largos, de color rojo muy vistoso. Las jóvenes tienen el pico de color oscuro, casi negro.

¿Cómo vive?

2   Originalmente, las cigüeñas criaban en zonas abiertas, cerca de ríos o de estanques, pero actualmente la mayor parte construye sus nidos en los edificios. Son omnívoras y pueden capturar una gran variedad de presas, desde serpientes y ranas hasta pequeños ratones y peces, y han aprendido también a buscar comida en los vertederos. Terminada la cría, regresan a sus cuarteles de invierno en África, aunque cada vez hay más ejemplares que se quedan aquí todo el año. En España la distribución es muy uniforme, ocupando la mitad oeste del país, con la excepción de Galicia y la Cornisa Cantábrica, y con una extensión evidente por el valle del Ebro que llega hasta Cataluña. A finales de verano, es posible ver grupos en migración fuera de su área de distribución que, procedentes de Europa, se posan para pasar la noche sobre edificios y campanarios de poblaciones del interior.

Curiosidades

3   La cigüeña viene experimentando un sensible aumento de la población desde los años ochenta, siendo Extremadura una de las regiones donde esta especie es más abundante, hasta el punto que las cigüeñas han llegado a instalar sus nidos en lugares tan inverosímiles como encima de las casetas del peaje de una autopista. La población de El Gordo, en la provincia de Cáceres, pasa por ser la ciudad europea con más nidos de cigüeñas en sus tejados. El excedente de aves que llegan a los centros de recuperación extremeños ha servido para repoblar zonas necesitadas como Cataluña.

Cigüeña negra
Ciconia nigra

¿Cómo es?

1 La cigüeña negra parece una copia de la cigüeña blanca pero con otro patrón de color. Se mantienen el pico y las patas rojas, pero la mayor parte del cuerpo es de color oscuro, que parece negro si la observamos de lejos. En realidad, el plumaje de estas zonas esconde todo un mosaico de tonos verdosos y oxidados que brillan con el sol.

¿Cómo vive?

2 Estas cigüeñas son muy tímidas y tienen un carácter arisco. También viven en ambientes acuáticos, y mantienen sus orígenes pescadores mucho más que las cigüeñas blancas. Sin embargo, las cigüeñas negras no tienen relación con los humanos, y crían en solitario en grandes árboles en medio del bosque, o bien en acantilados rocosos.

Curiosidades

3 La cigüeña negra es un ave escasa y difícil de observar. La mayor parte de la población ibérica vive en Extremadura y el resto en regiones próximas. La población total de la Península no supera las cuatrocientas parejas, es decir, tenemos sólo una cigüeña negra por cada cuarenta cigüeñas blancas. La cigüeña negra es un ave migratoria que se desplaza cada otoño para pasar el invierno en África, y posiblemente las bajas causadas durante estos desplazamientos y durante la invernada en África dificulten la recuperación de la población nidificante en España.

Especies semejantes

4 Es inconfundible. Pero hay que tener presente que los ejemplares jóvenes tienen el plumaje menos vistoso, con el cuello y las patas de color verde grisáceo y el pico pardo.

Espátula
Platalea leucorodia

¿Cómo es?

1 Inconfundible a corta distancia. Cuerpo blanco con penacho de plumas poco visible y con pico largo, único entre nuestras aves, aplanado y ensanchado en la punta hasta coger la silueta de una cuchara.

¿Cómo vive?

2 Son aves acuáticas que pasan horas con los pies en remojo, desplazándose lentamente, mientras repasan la superficie del agua con su pico especializado. También escudriñan literalmente el fondo con el pico para separar los bichos que se esconden. Así cazan larvas de mosquito, caracoles, cangrejos, renacuajos, ranas e incluso algunos peces. Les gusta moverse en grupo, y en la época de cría se instalan en colonias mixtas que comparten con garzas y martinetes, bien sea directamente encima del carrizo o en las copas de los árboles. En España sólo cría en las marismas del Odiel y del Guadalquivir, mientras que en el resto de la Península son aves de paso, que podremos observar solamente en primavera y en otoño en las zonas húmedas. Aunque es posible ver pequeños grupos de aves migratorias en diferentes puntos, siempre es un ave escasa.

Curiosidades

3 Las espátulas son las protagonistas, junto a garzas y martinetes, de las famosas "pajareras" del parque nacional de Doñana, unas colonias situadas sobre unos alcornoques centenarios que gozan de fama mundial dentro del mundo de la ornitología.

Especies semejantes

4 El pico de la espátula es inconfundible, aunque, a lo lejos, el color blanco del cuerpo y las patas oscuras nos pueden recordar a una garceta común.

Morito
Plegadis falcinellus

¿Cómo es?

1

Es un ave zancuda y esbelta, del tamaño de una garceta común, fácilmente reconocible por su pico largo y curvado y por su color herrumbroso, que se apaga en invierno. Si le vemos de cerca, apreciaremos dos bandas claras muy delgadas que van del ojo hacia el pico. Visto de lejos, el morito nos parecerá siempre un ave de color oscuro que identificaremos sobre todo por la forma del pico.

¿Cómo vive?

2

Los moritos son aves muy escasas que viven en humedales, y que buscan comida en aguas someras con la ayuda de su pico especializado. Comen pequeños animalillos, como insectos acuáticos, caracolillos, gusanos y atrapan también, si pueden, renacuajos, ranas y culebras. Aparecen en nuestras zonas húmedas siempre en invierno, normalmente en grupos de unos cuantos individuos, aunque existen también pequeñas poblaciones que nidifican irregularmente en zonas como el delta del Ebro o Doñana.

Curiosidades

3

El morito es el único ibis que vive en la Península, ya que todos sus parientes viven en zonas de clima más cálido e incluso tropical. A pesar de su pico curvado característico, en España sus parientes más próximos son las espátulas.

Especies semejantes

4

En invierno llegan procedentes del norte de Europa los zarapitos, unos limícolas de tamaño parecido al morito que también tienen el pico largo y curvado hacia abajo, pero son de color grisáceo con pequeñas manchas claras.

Flamenco
Phoenicopterus ruber

¿Cómo es?

1 Inconfundible, con patas y cuello muy largos y el cuerpo de color rosado con alas negras y rojas muy vistosas en vuelo.

¿Cómo vive?

2 Los flamencos son aves sociales que pasan horas buscando comida tranquilamente en las aguas someras. El pico es una herramienta especializada que trabaja como un filtro y permite retener los pequeños invertebrados que viven en el agua y que son la base de su alimentación. La mayor colonia ibérica se encuentra en Fuentedepiedra (Málaga), donde llegan a concentrarse más de diez mil parejas nidificantes cuando las condiciones son favorables.

Curiosidades

3 Antiguamente, el flamenco llegó a criar en el delta del Ebro, donde era muy abundante. Así lo acredita un texto del 1557 que explica que "los pescadores encontraron un sitio donde criaban un género de estas aves que eran los flamencos, poco menores que grullas, y fueron tantos los huevos que allí encontraron que se podía llenar con ellos la barca que lleva el pescado a Tortosa, y puede llevar la barca ciento cincuenta quintales, así que los pescadores llenaron ocho o diez cestas, y los otros los dejaron allí". Ahora, después de 400 años de ausencia, los flamencos vuelven a criar en el delta del Ebro, pero las condiciones han cambiado, y los campesinos tienen que espantarlos con cohetes y petardos para evitar que entren en los arrozales y malogren el arroz recién germinado.

Los flamencos eran conocidos antiguamente como el *ave fénix*, capaz de arder y renacer a partir de sus cenizas, debido seguramente a su color rojo y a sus movimientos migratorios en grandes grupos.

Grulla
Grus grus

¿Cómo es?

1   Ave majestuosa, del tamaño de la cigüeña pero con el pico claramente más corto y de color oscuro. Plumaje de color ceniza, con las puntas de las alas y la cola más oscuras. Incluso a lo lejos, la silueta es inconfundible por las plumas largas que cuelgan encima de su cola. Los ejemplares jóvenes (en el centro de la fotografía) no tienen aún el vistoso diseño de la cabeza.

¿Cómo vive?

2   Son aves migratorias que crían en el norte de Europa. En España sólo las podemos observar como invernantes o de paso, bien sea en grupos reducidos o en concentraciones de cientos de ejemplares. A finales de invierno, las grullas regresan hacia el norte de Europa. El lago Hornborga, en Suecia, es uno de sus lugares preferidos, y es aquí donde llevan a cabo las conocidas y vistosas danzas de apareamiento, donde ambos consortes saltan una y otra vez batiendo sus alas. Terminado el festejo, la pareja busca un lugar apartado para construir su nido, siempre en el suelo. Les encantan las zonas húmedas alternadas con áreas abiertas en tierra firme, donde encuentran semillas, hierbas y raíces que constituyen la base de su alimentación, aunque no desprecian pequeñas presas, como gusanos, caracoles o ratoncillos.

Curiosidades

3   Antiguamente las grullas habían criado en las marismas del Guadalquivir, pero en la actualidad uno de los mejores lugares para la observación de grullas es la laguna de Gallocanta, en Zaragoza, especialmente en otoño y en invierno. Aquí hay escondrijos hechos expresamente para poderlas observar de cerca. En noviembre y en febrero se pueden juntar unos cuantos miles de ejemplares.

Cisne vulgar
Cygnus olor

¿Cómo es?

1   Son los parientes gigantes de los patos, de color blanco inmaculado, con el pico naranja y negro. Aparentan todavía mayor tamaño por su costumbre de nadar con las alas entreabiertas y un poco separadas del cuerpo.

¿Cómo vive?

2   Los cisnes viven en parejas estables y, en la época de cría, pasan horas cortejando con movimientos sincrónicos de sus cabezas representando una danza que es un auténtico espectáculo de la naturaleza. De vez en cuando, situados uno frente al otro, juntan sus picos, de manera que los cuellos curvados describen la figura perfecta de un corazón, y quizás todo esto influya en que se les conozca como *aves del amor*, aunque su carácter no es precisamente muy amistoso. Anidan en grandes montones de vegetación que construyen ellos mismos. Muchas poblaciones tienen origen doméstico, y aparte de vegetales, aceptan también comer pan e incluso pienso. Son aves agresivas, que pueden atacar incluso a los hombres si se trata de defender su nido.

Curiosidades

3   Según algunas informaciones, parece que antiguamente los cisnes eran más abundantes que en la actualidad, por lo menos en algunas zonas, aunque no se sabe muy bien si se trataba de aves auténticamente salvajes. Concretamente, existen documentos del siglo XVIII que explican que a veces el antiguo estanque de Castelló d'Empúries (Gerona) aparecía blanco por la gran cantidad de cisnes que nadaban en sus aguas. Actualmente, el cisne vulgar ha sido reintroducido muy cerca, en el Parc Natural dels Aiguamolls de l'Empordà.

Ánsar común
Anser anser

¿Cómo es?

1

El ánsar común es el antepasado salvaje de todos los ánsares domésticos, y realmente es muy parecido a una oca doméstica de la variedad más ocrácea. Los ánsares que viven en libertad, sin embargo, son más pequeños, mucho más ágiles y esbeltos y excelentes voladores.

¿Cómo vive?

2

Son aves herbívoras que pasan horas pastando. En la época de cría, viven cerca del agua, donde encuentran comida y refugio seguro. En España se presenta solamente como invernante y vuelve a desaparecer pasado el invierno en dirección a los cuarteles de cría del norte. La cantidad de ánsares invernantes puede variar mucho con los años. Un buen lugar para observarlos es el parque nacional de Doñana y sus alrededores, en especial la Reserva Concertada de la Cañada de los Pájaros. Una zona concreta de Doñana ha tomado el nombre de estas aves: el Cerro de los Ánsares.

Curiosidades

3

Una parte muy importante los ánsares europeos inverna en las llanuras de Bélgica y Holanda, donde los campesinos utilizan todos los recursos disponibles para ahuyentarlos, ya que los ánsares comen hierba y representan una competencia para el ganado.

Especies semejantes

4

Acompañando a los ánsares comunes, puede aparecer algún ánsar campestre, muy semejante pero un poco más pequeño y con el pico oscuro y anaranjado. También los ánsares caretos, con una mancha blanca justo encima del pico, son parecidos, pero son raros en España.

Ánade real
Anas platyrhynchos

¿Cómo es?

1 El macho en celo es muy conspicuo, con el cuello y la cabeza verde brillante que puede parecer azul según como le da el sol (en realidad, en algunas regiones es conocido también como *azulón*). La hembra tiene tonos discretos que le ayudan a confundirse con el entorno. En verano, los machos pierden el plumaje nupcial y se parecen más a las hembras. Las voces son diferentes: la hembra tiene una voz estridente que se oye a distancia. El macho, en cambio, emite sólo un débil "gueeec, gueeec…".

¿Cómo vive?

2 Los ánades reales habitan cualquier masa de agua, no importa si se trata de arroyos, estanques, pantanos o ciénagas. Es el pato más abundante: su población total europea está cerca de los dos millones de ejemplares. Son aves omnívoras, que prospectan la superficie del agua con movimientos continuos del pico. La hembra en solitario se encarga de construir el nido en el suelo, incubar y estar al cargo de las crías. Los pollitos son espabilados y siguen a la madre enseguida, que los lleva consigo hasta que, un poco grandullones, deciden independizarse.

Curiosidades

3 El ánade real es la variedad salvaje de una especie de pato doméstico. La suelta de patos caseros en parques urbanos ha facilitado las relaciones entre las dos variedades y ahora, desafortunadamente, cada vez hay más ánades reales cruzados con patos domésticos.

Especies semejantes

4 Los machos se parecen al pato cuchara, pero éste tiene el pecho blanco y el pico mucho más grande. Las hembras son semejantes a las de muchos otros patos.

Cerceta común
Anas crecca

¿Cómo es?

1

El macho de la cerceta es inconfundible. La hembra, más discreta, parece una copia en pequeño de una hembra del ánade real.

¿Cómo vive?

2

Las cercetas crían en lagos y tundras de Europa y visitan España sólo en invierno, cuando migran hacia el sur huyendo de las temperaturas gélidas del invierno boreal. En inviernos muy duros, son más abundantes, hasta el punto que en algunas zonas del interior son los patos más conocidos por los cazadores después de los ánades reales. Cada temporada hay unas cuantas parejas que nidifican en España, pero son invisibles en comparación con los miles de cercetas invernantes que llegan cada año a nuestros humedales, donde a veces llegan a ser incluso más abundantes que los propios ánades reales. No les gusta mucho mezclarse con otros patos, quizá por su tamaño diminuto. Las cercetas llegan en septiembre del norte de Europa y regresan en febrero.

Curiosidades

3

Las cercetas son patos diminutos, que parecen de juguete; en realidad son los patos más pequeños de Europa y unos de los más pequeños del mundo. Su cuerpo es claramente más pequeño que el de una gallina enana y pesa apenas trescientos gramos. Pero a pesar todo, son capaces de recorrer miles de kilómetros cada año para ir y venir de las zonas de cría del norte.

Especies semejantes

4

El macho es inconfundible en invierno, pero en verano, cuando pierde el plumaje nupcial, se puede confundir fácilmente con las cercetas carretonas.

Pato colorado
Netta rufina

¿Cómo es?

1
El pato colorado es uno de los patos más vistosos. En plumaje nupcial, el macho eriza todas las plumas de la cabeza, color pardo-rojizo, y se diferencia muy bien de cualquier otro pato. Luce además un pico rojo marfil visible a distancia. La hembra tiene tonos mucho más apagados que le ayudan a pasar desapercibida durante la incubación.

¿Cómo vive?

2
En invierno son patos muy sociales, que se mueven siempre en grupos numerosos. Sin embargo, tal y como ocurre también con otras especies de patos, este comportamiento cambia totalmente en primavera, cuando las parejas consolidadas empiezan a separarse del grupo. Macho y hembra cortejan entonces con movimientos bruscos de la cabeza y el cuello y, una vez apareados, la hembra se encarga de elegir el lugar donde construir el nido y de incubar los huevos. Una vez nacidos los pollitos, también ella sola se encargará de llevarlos al agua y de enseñarles a sobrevivir en su hábitat.

El pato colorado cría de forma localizada con efectivos muy variables en función de la abundancia de agua. El delta del Ebro acoge normalmente buena parte de esta población nidificante, que se extiende también a la Mancha, la Comunidad Valenciana, las marismas del Guadalquivir y la Albufera de Mallorca, donde fue reintroducido en 1991.

Curiosidades

3
El pato colorado cría bien en cautividad si tiene unas condiciones mínimas, y por su coloración a menudo forma parte de las colecciones de los zoológicos como ave ornamental. A partir de aquí, algunos ejemplares acaban escapando y aparecen a veces en los lugares más insospechados, como los parques urbanos de las ciudades, donde incluso llegan a instalarse y criar.

Pato cuchara
Anas clypeata

¿Cómo es?

1 Un poco más pequeño que el ánade real, el pato cuchara es inconfundible por su pico largo y ancho en comparación con los demás patos, tan característico de la especie que incluso le ha dado el nombre. El macho destaca por la cabeza verde y los flancos de color marrón, con el pecho blanco. La hembra tiene tonos más discretos, muy semejantes a las hembras de los ánades reales.

¿Cómo vive?

2 Los patos cuchara se extienden por toda Europa y Norteamérica. Les gustan las aguas poco profundas tanto dulces como salobres, con vegetación densa en las orillas que les proteja durante el período de la muda, cuando pierden todas las plumas remeras y quedan unos días incapacitados para el vuelo. España está en el sur de su distribución y por lo tanto es muy escaso como nidificante. En invierno, en cambio, llegan cientos de aves del norte de Europa y se convierte en una especie fácil de observar desde los observatorios de fauna de las zonas húmedas.

Curiosidades

3 Estos patos tienen una alimentación muy especial, no son tan herbívoros como otras especies, sino que prefieren los invertebrados acuáticos, y especialmente los que viven en la superficie. Con su pico especializado filtran el agua o el barro para poder capturar pequeños animalillos. El pico del pato cuchara es una herramienta especializada que nos recuerda, salvando las distancias, el pico de los flamencos. Los bordes del pico son dentados y encajan a la perfección, de manera que con la ayuda de la lengua expulsan el agua de la boca y los pequeños crustáceos, larvas de mosca y otros invertebrados quedan retenidos en los bordes del pico, que actúa como si fuera un cedazo.

Milano negro
Milvus migrans

¿Cómo es?

1   A pesar de su nombre, el milano tiene el cuerpo color madera, con tonos grisáceos en la cabeza. Macho y hembra son muy semejantes. En vuelo, los milanos se diferencian fácilmente de las demás rapaces porque tienen la cola escotada como las golondrinas: las plumas laterales son más largas que las intermedias.

¿Cómo vive?

2   Los milanos representan un término medio entre una rapaz y un buitre: pueden cazar presas de pequeño tamaño pero, sin embargo, también aprovechan todo tipo de animales muertos, desde un pescado hasta un animal doméstico. A menudo es fácil observarlos sobrevolando los vertederos, donde compiten con las gaviotas para lograr cualquier cosa comestible. También aprovechan los animales atropellados en las carreteras. Son aves bastante sociables, por lo que muchas veces aparecen en grupo.

Curiosidades

3   La proximidad al hombre convierte los nidos de los milanos en un lugar de acopio de todo tipo de materiales: los construyen con ramitas, pero para forrar el interior utilizan todo tipo de material, desde trapos hasta papeles y cartones. En algunos países de África, como Kenia, Egipto o Turquía, los milanos son aves urbanas, crían en los edificios y se aprovechan de los desperdicios comestibles que encuentran en la calle. En España, los milanos son abundantes como nidificantes en la mitad oeste del país (excepto Galicia) y en el valle del Ebro.

Especies semejantes

4   El milano real, más escaso, es más rojizo, un poco más grande y tiene la cola mucho más escotada.

Aguilucho cenizo
Circus pygargus

¿Cómo es?

1   El macho tiene un color gris muy vistoso que recuerda el color de la ceniza. La hembra, en cambio, es parda como la tierra, preparada para pasar absolutamente desapercibida durante la incubación.

¿Cómo vive?

2   Son rapaces que viven en espacios abiertos, les gustan especialmente las estepas y los yermos y sobre todo los cultivos de secano. Pasan el invierno en África y llegan aquí cuando empieza el buen tiempo. Enseguida ocupan sus zonas de cría, y a menudo prefieren posarse sobre un tocón o un montón de piedras antes que en los árboles. De todas formas, siempre instalan su nido directamente en el suelo, especialmente en los cultivos de cereales. El macho se encarga de aportar comida al nido mientras la hembra incuba los huevos. Más tarde, ambos adultos se encargan de los pollitos. Se alimentan sobre todo de micromamíferos, invertebrados y pequeñas aves.

Curiosidades

3   Son aves gravemente amenazadas por los cambios que ha sufrido el cultivo del cereal, que incluye la utilización masiva de pesticidas, la cosecha con maquinaria y la utilización de variedades de cereales que se cosechan más temprano. Muchas veces, cuando las cosechadoras están recolectando el trigo o la cebada, los pollos están todavía en el nido y acaban triturados. En algunas zonas, la población nidificante llegó casi a la extinción por esta causa y ahora se está recuperando poco a poco.

Especies semejantes

4   El aguilucho pálido y el aguilucho lagunero. En ambas especies las hembras son parecidas, de color pardo. En los machos domina el color gris, pero con diseños diferentes.

Ratonero común
Buteo buteo

¿Cómo es?

1 Es una especie variable, con ejemplares oscuros y otros más claros. En vuelo, se reconoce por una gran mancha blanca debajo de las alas. También es fácil oír sus chillidos, una especie de maullido agudo que repiten periódicamente.

¿Cómo vive?

2 Es una de las rapaces más frecuentes y fáciles de observar, bien sea planeando majestuosamente o parado en la cima de un poste telefónico buscando algún roedor o una serpiente para comer. No es un gran cazador, aunque es mucho mejor que el milano. Come básicamente presas pequeñas, como ratas, pájaros jóvenes e incluso lagartijas e insectos. Anida en grandes árboles en medio del bosque, a menudo aprovechando nidos de años anteriores que arreglan un poco con material nuevo. A veces, los nidos utilizados durante muchos años llegan a tener más de un metro de altura.

Curiosidades

3 Mucha gente de campo confunde los ratoneros con las águilas. Y quizá por esta razón, al ser grande y relativamente confiado, el ratonero ha sufrido muchos ataques de furtivos que quieren exterminarlos por el supuesto perjuicio que producen hacia las especies cinegéticas. Esto, junto al expolio de los nidos, ha provocado un descenso considerable de sus poblaciones.

Especies semejantes

4 El halcón abejero, que distinguiremos en vuelo porque tiene tres barras anchas en la cola en vez de muchas barras estrechas como el ratonero. Come presas aún más pequeñas. En sus nidos es normal encontrar restos de avisperos que los adultos llevan para alimentar a los pollitos.

Azor
Accipiter gentilis

¿Cómo es?

1   El azor es del tamaño de un ratonero común, pero parece de complexión más fuerte. Los jóvenes tienen el pecho de color claro, salpicado de "lágrimas" más oscuras, pero en su segundo año ya empiezan a mudar a la coloración adulta, con el pecho adornado con multitud de pequeñas barras transversales. Como en muchas rapaces, las hembras son un poco mayores que los machos.

¿Cómo vive?

2   El azor es arisco y desconfiado, por lo que pasa muy desapercibido y es más frecuente de lo que parece. Sus alas anchas y redondeadas y la cola larga le permiten ser muy ágil para sortear los árboles cuando vuela en el interior del bosque y cazar presas tan escurridizas como el arrendajo. También captura ardillas, mirlos y otras aves y, a veces, se acerca a los cortijos para atrapar alguna paloma, e incluso se

atreve con las gallinas. Los azores crían en árboles altos en medio del bosque. Cada pareja tiene un territorio y un par o tres de nidos que utilizan alternamente.

Curiosidades

3   El azor es una de las aves que se utilizan en la cetrería conocida como "de bajo vuelo", en que el pájaro no sobrevuela el cetrero, sino que acosa la presa saliendo directamente del puño del adiestrador.

Especies semejantes

4   El gavilán tiene el aspecto de un azor, pero es mucho más pequeño. Las hembras de gavilán casi no llegan al tamaño de una paloma grande. Los machos, que son idénticos pero con el pecho rojizo, son aún más pequeños.

Águila real
Aquila chrysaetos

¿Cómo es?

1   Junto con la imperial, el águila real es la mayor de la Península, un ave impresionante que llega a medir dos metros de envergadura y a pesar más de cinco kilos de peso. Es un ave robusta, con pico y uñas potentes. Su mano abierta mide casi 20 cm. El color es pardo oscuro uniforme, pero las plumas del cogote y de la parte superior de las alas brillan al sol y toman tonos dorados. Las jóvenes tienen la base de la cola blanca, y también manchas blancas bajo las alas. El vuelo es planeado y majestuoso.

¿Cómo vive?

2   La real es una gran cazadora, aunque parece un poco perezosa, así que también desciende hasta los comederos de los buitres a comer carroña. Tiene las garras gruesas y fuertes, más adaptadas para cazar mamíferos que aves. Captura mucha variedad de presas, que van desde lagartos hasta zorros pequeños. La reciente llegada de las marmotas al Pirineo la podría beneficiar, ya que es una presa hecha prácticamente a su medida. El águila real anida en acantilados; pero a veces alguna pareja instala su nido en los árboles más grandes del bosque. Los nidos son plataformas de ramas y hojas que agrandan cada año, hasta el punto que pueden llegar a pesar una tonelada. Normalmente sólo crían un pollo al año, que permanece dos meses y medio en el nido; raramente llegan a sacar dos.

Especies semejantes

3   La escasa águila imperial, de tamaño y color parecidos, tiene vistosas manchas blancas en la espalda. Toda la población mundial de esta especie, que se aproxima a las ciento cincuenta parejas, vive en el sudoeste de España.

Águila perdicera
Hieraetus fasciatus

¿Cómo es?

1   En vuelo, el águila perdicera nos muestra pecho y cabeza blancos, con las alas oscuras. Los jóvenes en vez de blancos son rojizos y, por lo tanto, más difíciles de identificar.

¿Cómo vive?

2   La perdicera es la gran águila mediterránea, un ave de garras potentes y mirada imponente que encontraremos normalmente por debajo de los mil metros sobre el nivel del mar, lejos de la alta montaña patrimonio del águila real. Le gustan los espacios abiertos con matorrales dispersos y presas abundantes. La perdicera tiene grandes garras con dedos largos y delgados, y, por lo tanto, está adaptada especialmente para capturar aves en vuelo, aunque también captura conejos y otras presas.

Curiosidades

3   Es una de las rapaces ibéricas más amenazadas, ya que su número ha bajado en picado en los últimos años. Parece que los tendidos eléctricos, la destrucción de su hábitat y la persecución directa son las causas principales de esta regresión. El aumento de las zonas forestales que colonizan antiguos cultivos y yermos abandonados también perjudican las águilas perdiceras, que ven más limitadas sus áreas de caza.

Especies semejantes

4   El águila culebrera se distingue en vuelo por su color claro, casi blanco, que se extiende por la parte inferior de las alas y todo el cuerpo a excepción de la cabeza, que se muestra más oscura. El águila pescadora en vuelo también nos puede recordar una perdicera, aunque mucho menor y todavía más escasa y, además, la encontraremos casi siempre en ambientes marinos.

Águila culebrera
Circaetus gallicus

¿Cómo es?

1   Es el águila de gran tamaño que podremos observar más fácilmente. Llega a unos dos metros de envergadura, y, vista por debajo mientras planea majestuosamente, muestra el pecho y las alas blancas, con la cabeza más oscura. Cuando localiza una presa, se cierne como un cernícalo, moviendo las alas enérgicamente mientras el cuerpo queda inmóvil en un punto del espacio.

¿Cómo vive?

2   Es un ave migratoria que pasa el invierno en África y regresa en marzo. Está especializada en la captura de reptiles, especialmente lagartos y serpientes, como acertadamente indica el nombre de culebrera. Cría en árboles, y normalmente tiene un solo polluelo. Cuando trae comida al nido, muy a menudo aparece con la cola de una serpiente saliendo de la boca, sin acabar de tragársela. Después será el polluelo quien se encargará de tirar de la serpiente, mientras el adulto le ayuda con la boca bien abierta y movimientos de la cabeza.

Curiosidades

3   La afición de las águilas culebreras a cazar serpientes es algo instintivo. Un águila criada en cautividad que no haya visto ninguna serpiente en su vida sabrá reconocer igualmente su comida preferida, y se lanzará sobre una culebra sin ninguna duda, sabiendo perfectamente cómo matarla y cómo tragársela entera empezando por la cabeza.

Especies semejantes

4   El águila perdicera es del tamaño de la culebrera, pero en vuelo muestra las alas oscuras en contraste con el pecho y el vientre claros.

Águila pescadora
Pandion haliaetus

¿Cómo es?

1

La pescadora es un águila de tamaño pequeño, no mucho mayor que un ratonero. Igual que el ratonero, también tiene la espalda de color pardo, pero si la vemos de cerca la reconoceremos por el pecho, la garganta y el cogote de color blancuzco, y una llamativa banda negra que decora su cara alrededor de los ojos.

¿Cómo vive?

2

La pescadora es una de las pocas rapaces especializadas en la captura de peces, que puede pescar tanto en estanques, lagos y ríos grandes como directamente en el mar. Las águilas no tienen la capacidad de chapuzarse como los cormoranes, así que no pueden cazar los peces debajo del agua. Para capturarlos, se mantienen en vuelo hasta que localizan un pez cerca de la superficie. Entonces se lanzan en picado y le atrapan con sus garras. Su técnica es tan depurada que a menudo no les hace falta mojarse una sola pluma: simplemente atrapan el pez en pleno vuelo estirando sus potentes garras; aunque bien es verdad que muchos de los ataques finalizan con un buen chapuzón.

Curiosidades

3

Aunque en España es la rapaz diurna más escasa, el águila pescadora tiene un área de distribución casi mundial. En Florida (Estados Unidos), son muy abundantes y crían en plataformas sobre los postes telefónicos de la carretera. En Baleares y en Canarias hay unas cuantas parejas que anidan en acantilados marinos. En Cataluña, desgraciadamente, dejaron de criar ya hace muchos años, y cuenta la leyenda que los últimos pollos acabaron siendo parte de un arroz campero. Actualmente existe un proyecto de reintroducción en Andalucía a partir de aves europeas.

Halcón peregrino
Falco peregrinus

¿Cómo es?

1   El peregrino es mayor que una paloma pero más pequeño que un ratonero. Lo reconoceremos por las alas largas y puntiagudas y por la espalda de color gris oscuro azulado. Su grito estridente se oye a distancia y a veces recuerda más a un pato que a un rapaz. La hembra es claramente mayor que el macho.

¿Cómo vive?

2   Los halcones son cazadores de zonas abiertas que han colonizado casi todo el mundo, desde las grandes llanuras hasta el corazón de las ciudades, donde los rascacielos sustituyen a los acantilados que necesitan para anidar. Están especializados en la caza de aves, que capturan en vuelo con gran habilidad. Si la presa es demasiado grande, simplemente la hieren con sus garras y, una vez tocada, caen sobre ella para rematarla si es preciso y empezar a desplumar. En el picado final de la caza, los halcones peregrinos llegan a velocidades superiores a los 250 km/h, todo un récord en el mundo animal.

Curiosidades

3   Hombres de culturas muy diferentes han capturado halcones peregrinos desde hace cientos de años, para adiestrarlos y gozar personalmente de sus capacidades de caza. En la actualidad existen centros de cría de halcones con esta finalidad. Los halcones amaestrados se utilizan tanto para la seguridad de los aeropuertos (espantando las aves que se acercan) como para ahuyentar las gaviotas argénteas de los vertederos.

Especies semejantes

4   El alcotán nos recuerda un pequeño halcón peregrino, un poco mayor que un cernícalo.

Cernícalo común
Falco tinnunculus

¿Cómo es?

1

El cernícalo es un halcón diminuto, del tamaño de una tórtola. Como todos los halcones, tiene las alas estrechas y puntiagudas y la cola larga. Macho y hembra son diferentes: la hembra es pardo-rojiza con pequeñas manchitas oscuras; el macho, en cambio, tiene la cabeza y la cola grises. En algunos lugares, el cernícalo es conocido erróneamente como *gavilán*.

¿Cómo vive?

2

Los cernícalos viven en espacios abiertos, bien sean prados o campos de cultivo, donde cazan ratones, lagartijas, pequeños pájaros y muchos insectos. Cuando localizan una presa, permanecen inmóviles por unos momentos en el aire batiendo las alas y con la cola bien extendida, antes de caer sobre ella en picado. A veces pueden pasar un buen rato en esta posición hasta que deciden probar suerte. Pueden anidar en grietas en las rocas o bien utilizar nidos viejos de otros pájaros o agujeros en paredes de edificios, como ermitas en zonas rurales o casas de campo incluso habitadas. No construyen nido: sólo arañan un poco con las patas hasta construir una pequeña olla y desovan los huevos directamente en el fondo de la cavidad, sin añadir ningún tipo de material.

Curiosidades

3

Algunos cernícalos han llegado a cumplir más de veinte años viviendo en libertad, todo un éxito, sobre todo en comparación con otras aves.

Especies semejantes

4

El cernícalo primilla, mucho más escaso, es muy semejante al cernícalo común, pero un poco más pequeño. En mano, apreciaremos que las uñas de los pies de los cernícalos primilla son blancas, mientras que las de los cernícalos comunes son negras.

Buitre leonado
Gyps fulvus

¿Cómo es?

1   El buitre es un ave grande, fuerte y pesada, que supera los dos metros de envergadura con las alas extendidos y puede pesar hasta diez kilos.

¿Cómo vive?

2   Los buitres crían en repisas de los acantilados, y pasan gran parte del día planeando como grandes cometas para escudriñar las llanuras pausadamente. El objetivo es localizar un grupo de córvidos alrededor de una carroña. Cuando el primer buitre desciende advierte a los demás, que acuden donde han visto bajar su compañero, y esta cadena hace que una multitud de buitres se reúnan alrededor de una carroña a veces en muy poco tiempo. Con el estómago bien lleno, los buitres ascienden aprovechando las corrientes de aire caliente que saben localizar a la perfección. Entonces, con las alas abiertas, se dejan llevar por el aire ascendente mientras dan vueltas lentamente para no perder la corriente.

Curiosidades

3   Antiguamente, el ganado que moría en los establos era abandonado en algún punto de los alrededores de los pueblos donde los buitres se reunían para comer. Ahora ya no existen estos muladares "naturales", pero en su lugar hay numerosos comederos artificiales controlados por la administración donde los buitres encuentran comida regularmente y que son básicos para el mantenimiento de las poblaciones.

Especies semejantes

4   El buitre negro habita el sudoeste peninsular, es muy parecido pero de color mucho más oscuro, casi negro.

Buitre negro
Aegypius monachus

¿Cómo es?

1

Parece un buitre común pero con una tonalidad mucho más oscura, sin llegar al negro que le da nombre.

¿Cómo vive?

2

El buitre negro suele criar en árboles. La mayor parte de su población ibérica está en Castilla y Extremadura (sólo en Monfragüe viven más de doscientas parejas). También hay algunas parejas en Mallorca. Come básicamente carroña, aunque también puede capturar presas pequeñas y no muy rápidas, como lagartos o tortugas. En los lugares donde conviven con los buitres comunes, ambas especies se reparten la comida sin problemas. A los buitres comunes les encantan las tripas y las vísceras. Los buitres negros, en cambio, prefieren la carne y la piel. Los huesos son competencia exclusiva del quebrantahuesos.

Curiosidades

3

El buitre negro es un ave básicamente asiática, que encuentra en la península Ibérica el límite oeste de su distribución. En Mongolia y en el Tíbet vive más cerca de los hombres, hasta el punto que llega a seguir las manadas de ganado de los nómadas para aprovechar las bajas. También se los ha visto comiendo cadáveres de personas en algunas regiones donde los depositan a tal efecto al aire libre en plataformas funerarias.

Especies semejantes

4

En vuelo, y especialmente en contraluz, lo podríamos confundir con el buitre leonado, que tiene cabeza y cuello más claros y el borde de la cola más recto. El buitre negro, en vuelo, parece realmente negro y tiene la cola corta como el buitre común pero un poco puntiaguda.

Quebrantahuesos
Gypaetus barbatus

¿Cómo es?

1 En vuelo, lo reconoceremos por las alas largas y estrechas, y por la cola larga y delgada, muy diferente de la cola corta y redondeada de los buitres. Los adultos tienen el cuerpo teñido de un vistoso tono rojizo que adquieren bañándose en aguas ferruginosas.

¿Cómo vive?

2 Prefiere volar cerca de los acantilados, en lugar de hacerlo en cielo abierto como los buitres. A menudo unos y otros acuden juntos a los comederos, pero el quebrantahuesos prefiere los huesos y partes duras antes que las tripas y la carne. Cuando un hueso es demasiado grande para tragarlo entero, el quebrantahuesos levanta el vuelo con el hueso en las garras y lo deja caer sobre las piedras desde la altura. Puede repetir la operación varias veces hasta lograr su objetivo. El quebrantahuesos cría en agujeros en grandes acantilados. Aquí construyen grandes nidos forrados con lana donde crían un hijo único que permanece tres meses en el nido.

Curiosidades

3 Antiguamente el quebrantahuesos vivía en todas las grandes cordilleras europeas, pero el veneno y la caza furtiva lo fueron exterminando hasta recluirlo en algunos enclaves reductuales, como los Pirineos. Desde hace años, varios proyectos basados en la cría en cautividad intentan retornar el quebrantahuesos a sus dominios perdidos, como la sierra de Cazorla, en Andalucía y el macizo de los Alpes.

Especies semejantes

4 El quebrantahuesos joven de primer año es muy oscuro; posado, de lejos, podría confundirse con un buitre negro. En vuelo, la silueta de halcón gigantesco es inconfundible.

Alimoche
Neophron percnopterus

¿Cómo es?

1 El alimoche es el más pequeño de los buitres del país, tiene el tamaño de una gallina. Es inconfundible, con su traje blanco y la cabeza desmelenada. Los jóvenes son muy oscuros y tardan unos cuantos años en adquirir el plumaje blanco que vemos en la fotografía, típico de los ejemplares adultos.

¿Cómo vive?

2 Los alimoches son aves migratorias que vuelan cada otoño hacia tierras africanas, y no regresan a la Península hasta la primavera siguiente. Se alimentan de todo tipo de carroñas, y en especial de las partes más blandas e inaccesibles que extraen con su pico largo y delgado, hecho a la medida para este trabajo. También pueden comer otros alimentos de origen animal, como anfibios, caracoles, insectos y huevos. También comen excrementos, de donde al parecer extraen los pigmentos para pintar el color amarillo de la piel desnuda de la cabeza.

Curiosidades

3 A los alimoches les gustan especialmente los huevos, que saben romper levantándolos y tirándolos al suelo. En África se atreven incluso con los huevos de avestruz. Para abrirlos cogen piedras con el pico y las dejan caer sobre el huevo hasta que logran romper el caparazón, una escena que los ha hecho famosos en los documentales de televisión.

Especies semejantes

4 El alimoche es inconfundible si la observación es buena. En vuelo, a lo lejos, podríamos confundirlo con una cigüeña común. Ambos muestran el cuerpo blanco y las alas negras, pero la cigüeña tiene el cuello y las patas mucho más largos.

Urogallo
Tetrao urogallus

¿Cómo es?

1 El urogallo es un ave inconfundible. El macho, más grande que la hembra, es de color oscuro, casi negro, y en la época de celo abre la cola y hace la rueda como un pavo. Las hembras tienen tonos abigarrados, pardos y ocres, que se confunden muy bien con el entorno.

¿Cómo vive?

2 Viven en bosques de montaña de los Pirineos y la Cordillera Cantábrica, sobre todo en pinares de pino negro y hayedos. Son solitarios y tímidos, y al ser sorprendidos arrancan el vuelo súbitamente como lo haría una perdiz. La alimentación es muy variada en verano, e incluye muchas especies de plantas. Cuando los pollitos son pequeños, las gallinas también les ofrecen pequeños insectos del bosque. En invierno, en cambio, cuando todo el suelo del bosque está cubierto de nieve, los urogallos sobreviven prácticamente de acículas de pino y bayas. Entonces sus excrementos compactos, gruesos como un cigarrillo, son muy fáciles de reconocer.

Curiosidades

3 En la época de celo, los urogallos acostumbran a reunirse en calveros del bosque llamados *cantaderos*, donde los machos discuten para aparearse con las gallinas. Los mejores cantaderos pueden reunir más de una docena de machos. Hasta hace pocos años, los cazadores aprovechaban esta situación para abatirlos justo en el momento en que los machos, en plena exhibición de celo, ponen menos atención a los posibles peligros y se dejan acercar más que en condiciones normales. Actualmente, por suerte para los urogallos, su caza es ya una actividad totalmente ilegal.

Perdiz nival
Lagopus mutus

¿Cómo es?

1 Es el ave ibérica que muestra a lo largo del año un cambio de plumaje más espectacular. En invierno, blanca como la nieve, la perdiz nival se confunde perfectamente con los paisajes nevados de las cimas. Pero a medida que la nieve se deshiela también su plumaje cambia, y aparecen plumas grisáceas que en verano ya recubren casi todo el cuerpo. En la fotografía vemos un macho con el plumaje de transición.

¿Cómo vive?

2 En España, la perdiz nival es un ave exclusiva de las cimas más altas de los Pirineos. Habita por encima del límite del bosque, donde confía en su plumaje mimético para pasar desapercibida. Muchas veces, estas perdices apeonan muchos metros antes de decidirse a levantar el vuelo. Anidan en los prados alpinos, quizás al lado de una roca o un pequeño promontorio y la hembra incubando se confunde perfectamente con una piedra del entorno. Las perdices nivales son vegetarianas, comen hierbas, semillas, aunque no desdeñan la proteína de los insectos.

Curiosidades

3 La perfecta adaptación de las perdices nivales al clima de montaña las está perjudicando indirectamente, ya que los inviernos son cada vez más suaves y la nieve desaparece más rápidamente, cuando las perdices llevan todavía el traje blanco de invierno, que entonces las hace muy visibles para cualquiera depredador.

Especies semejantes

4 Inconfundible en invierno. En verano, a lo lejos, se podría confundir con una perdiz pardilla, pero la perdiz nival siempre mantiene las alas blancas, muy visibles al arrancar el vuelo.

Faisán
Phasianus colchicus

¿Cómo es?

1
El macho del faisán es un ave majestuosa, con la cola muy larga y el cuerpo de color óxido con manchas negras. El cuello es verde, muchas veces adornado con una gargantilla blanca. Los ojos están rodeados por una vistosa piel aterciopelada de color rojo intenso, que crece en la época de celo. Las hembras, mucho más discretas, son del color de la hojarasca y pasan mucho más desapercibidas, toda una ventaja para incubar y criar a los pollitos.

¿Cómo vive?

2
A los faisanes les gustan lugares frescos, lindes de bosque, setos entre cultivos y bosques abiertos. Se alimentan básicamente de productos vegetales, pero también pueden tomar pequeños invertebrados. Son aves solitarias, que buscan compañía sólo en la época de cría. Entonces es fácil oír el "cooc-cooooooc" potente del macho, que de esta manera señala su territorio. Pero el noviazgo dura poco. Una vez apareados, macho y hembra se separan para siempre. La hembra se encarga de buscar el lugar para hacer el nido e incubar una docena de huevos de color verdoso. Los pollitos son avispados y siguen a la madre enseguida.

Curiosidades

3
El faisán es una especie originaria de Asia que ya fue introducido en Europa en tiempo de los romanos. Más tarde, cantidad de introducciones llevadas a cabo en diferentes épocas en varios países europeos lo han convertido en un ave extendida en buena parte del continente. Actualmente, la práctica de soltar faisanes con la intención de cazarlos continúa extendida, y cada año algunos miles de faisanes nacidos en granja acaban libres en el monte.

Perdiz roja
Alectoris rufa

¿Cómo es?

1   Un ave inconfundible, con las rayas coloreadas de los laterales y la gargantilla negra desgranada. Macho y hembra son muy semejantes, pero en mano, se observa una pequeña diferencia: los machos tienen un pequeño bulto o *espuela* en la parte interior de las patas.

¿Cómo vive?

2   Las perdices viven en espacios abiertos, ya sean yermos, prados o campos de cultivo, pero no dudan en refugiarse dentro del bosque si hace falta. En la época de cría, los machos emiten un "chec, chec, cheeec…" potente que se oye desde muy lejos. El cortejo es rápido. Una vez se han apareado, las hembras buscan un rincón abrigado donde preparan un pequeño hoyo en el suelo para instalar el nido, donde pondrán hasta una docena y media de huevos moteados. Entre San Juan y San Pedro, según la tradición, nacen los perdigones, que siguen enseguida a la madre a todas partes. Cuando toda la pollada se encuentra amenazada, los pequeños huyen en todas direcciones para quedarse quietos de repente confiando en su diseño mimético, mientras la madre intenta llamar la atención del enemigo potencial. Las perdices se alimentan de semillas y muchos tipos de pequeños insectos, razón por la que el uso de insecticidas y herbicidas las perjudica directamente.

Curiosidades

3   La perdiz es la pieza de caza menor por excelencia, y ha estado perseguida por todos los medios. Antiguamente se habían cazado con la ayuda de reclamos que repetían el canto de la hembra y atraían al macho hasta que se ponía al alcance del cazador. En Andalucía se utiliza la misma técnica pero con un pájaro macho como reclamo.

Codorniz
Coturnix coturnix

¿Cómo es?

1   Tiene el aspecto de una pequeña perdiz, del tamaño de un estornino. Macho y hembra son semejantes, del color de la tierra y la hierba seca. Pero, si nos fijamos, veremos que el macho tiene la garganta de color terroso y el pecho listado. La hembra, en cambio, tiene el pecho finamente moteado.

¿Cómo vive?

2   Son aves migratorias que pasan el invierno en África y vuelven cada primavera para criar. Nada más llegar, los machos empiezan a cantar para atraer a una hembra y aparearse. El canto es muy conocido en el ambiente rural, y forma parte del paisaje de nuestros páramos cuando entra el verano. Una vez cubiertas, las hembras construyen un nido incipiente en el suelo, normalmente en medio de un campo de cultivo, donde ponen una docena de huevos moteados. Las codornices pequeñas enseguida siguen a su madre, que las cuida como una clueca. Se alimentan de hojas, semillas, invertebrados y caracolillos.

Curiosidades

3   Las codornices son mucho más escasas que años atrás. Son aves típicas de zonas abiertas que a menudo se instalan en campos cultivados donde las máquinas destruyen muchos nidos y pollitos y a veces matan incluso a los adultos. Sufren también los efectos de los plaguicidas y, además, las codornices son codiciadas en todo el mundo como pieza cinegética. Muchas mueren durante la "media veda", cuando la caza está permitida durante algunos días en pleno agosto para aprovechar la presencia de las aves migratorias que después se van hacia el sur. El propio viaje migratorio de ida y vuelta se lleva también muchas bajas.

Alcaraván
Burhinus oedicnemus

¿Cómo es?

1 Es un ave discreta, de tamaño medio y no muy bien proporcionada. Tiene la cabeza grande, las patas largas y gruesas y los ojos amarillos y muy grandes en comparación con la cabeza. Cuando se decide a arrancar el vuelo, se puede reconocer por las bandas claras que le adornan las alas casi de punta a punta.

¿Cómo vive?

2 Los alcaravanes son aves nocturnas y tímidas que prefieren huir caminando con la cabeza baja antes que arrancar el vuelo. Viven en llanuras abiertas de vegetación rala y dispersa, también en cultivos de cereales, olivares y viñedos de toda España, incluidas las islas Baleares y las Canarias. Nidifican directamente en el suelo, y sólo ponen un par de huevos. Los pollitos son muy miméticos y siguen los padres poco después de nacer. Su sistema de defensa consiste en agacharse y quedarse inmóviles, con la cabeza estirada, confiando que su plumaje terroso les permita pasar desapercibidos.

Los alcaravanes son omnívoros: se alimentan de escarabajos, saltamontes, caracoles, lagartijas y otros bichos que pillan en el campo. En los centros de recuperación de fauna salvaje llegan a comer fácilmente la comida enlatada para gatos.

Curiosidades

3 A pesar de su carácter arisco, este pájaro es bien conocido en los lugares donde habita. Aunque viven en zonas esteparias e incluso semidesérticas, los alcaravanes son aves limícolas, y por lo tanto parientes próximos de aves típicas de humedales como las cigüeñuelas y las avocetas.

Ganga
Pterocles alchata

¿Cómo es?

1   Del tamaño de una paloma, la ganga es un ave esteparia muy arisca que a pesar de sus colores vistosos se confunde muy bien con el entorno y, por esta razón, muchas veces pasa desapercibida hasta el momento en que levanta el vuelo. Entonces veremos sus alas largas y puntiagudas, y el color blanco de la parte inferior de su cuerpo, con las puntas de las alas negras.

¿Cómo vive?

2   La ganga es un ave de zonas áridas que necesita espacios abiertos y secos, sin árboles y con yermos y barbechos donde anidar, directamente en el suelo. De hecho, es un ave frecuente en países como Marruecos, Argelia, Irak o Irán. En España las gangas son escasas y ligadas siempre a ambientes muy secos. No construyen un nido elaborado, más bien confían en el mimetismo, de manera que tanto los huevos como los pollos tienen colores crípticos que los confunden totalmente con el entorno. En el ambiente donde viven dependen directamente de los abrevaderos, donde acuden diariamente para beber, normalmente en pequeños grupos. Son aves básicamente granívoras. Habitan la depresión del Ebro, Extremadura y el centro y sur de Castilla-La Mancha.

Curiosidades

3   Las gangas tienen un sistema particular para llevar el agua del abrevadero al nido: una vez con los pies en remojo, erizan las plumas del vientre y las cargan de agua. Los pollitos, después, beben de las plumas como si se tratara de una esponja.

Especies semejantes

4   La ortega tiene la misma forma pero un diseño diferente. En vuelo se distingue por el vientre negro en lugar de blanco.

Ortega
Pterocles orientalis

¿Cómo es?

1 Quizás un poco mayor que la ganga, pero con la misma silueta: cuello muy corto, alas largas y puntiagudas y plumas centrales de la cola especialmente largas. Su coloración no es tan vistosa como la de la ganga, ya que en la ortega dominan los tonos terrosos que le permiten confundirse más si cabe con el entorno.

¿Cómo vive?

2 La ortega comparte con la ganga la preferencia por los ambientes secos y yermos y mantiene en la península Ibérica la única población de toda la Europa Occidental. Habita sobre todo en la depresión del Ebro, en Castilla, en Extremadura y en algunas zonas del este de Andalucía, pero siempre de manera muy localizada. El nido es una depresión del terreno entre matorrales, donde ponen tres o cuatro huevos manchados que incuban los dos sexos. Antes de empezar la incubación, cuando la puesta aún no está terminada, los adultos también ocupan el nido para evitar que el calor del sol los estropee. Los pollos crecen muy rápido, y con sólo un mes de edad ya acompañan a sus padres hasta los abrevaderos.

Curiosidades

3 La clasificación sistemática de las gangas y las ortegas ha estado muy discutida. Si bien parece que son parientas de las palomas, también hay autores que las relacionan con los chorlitos. Por ahora, están clasificadas como una familia aparte: los pteróclidos.

Especies semejantes

4 La ganga, se distingue claramente en vuelo por el color del vientre y también por el canto: la ganga emite un "gaag, gaag" y la ortega un "churrr-rruurr" muy característico.

Sisón
Tetrax tetrax

¿Cómo es?

1   Del tamaño de un pollo, en vuelo muestra dos bandas claras muy vistosas en las alas. Las hembras y los jóvenes son de color terroso; el macho, en cambio, tiene el cuello negro decorado con un par de gargantillas blancas.

¿Cómo vive?

2   Los sisones viven en las llanuras, estepas y zonas abiertas de la mayor parte de la Península, donde, pese a su tamaño, suelen pasar bastante desapercibidos. Son aves muy ariscas, que a menudo levantan el vuelo a más de cien metros de distancia. Los machos, en la época de celo, tienen lugares concretos donde acuden a cantar para marcar su territorio y atraer a las hembras. El canto del sisón, un "rreeep" estridente pero muy flojo, forma parte del paisaje sonoro de los secanos. La demostración de celo incluye, además del canto, golpear el suelo con las patas y saltar una y otra vez con las alas abiertas. Las hembras, muy discretas, se encargan de construir el nido escondido en la vegetación y criar a los pollitos. Los sisones son vegetarianos pero también ingieren invertebrados, especialmente durante la época de cría.

Curiosidades

3   El sisón está amenazado de extinción en la mayor parte de Europa, siendo las poblaciones ibéricas las más saludables. El futuro de los sisones y demás aves esteparias depende de la conservación de los cultivos de secano y del mosaico paisajístico que conllevan, con zonas de barbecho y linderos no cultivados, uno de los ecosistemas más valiosos y desconocidos del país que desaparece poco a poco debido a la implantación de los cultivos de regadío y los uniformes cultivos latifundistas.

Avutarda
Otis tarda

¿Cómo es?

1

Es el ave más pesada de Europa. Los machos, mucho más grandes que las hembras, pesan un promedio de diez kilos, y pueden llegar a dieciséis. Las hembras, mucho más pequeñas y de coloración mucho más discreta, no llegan ni a la mitad.

¿Cómo vive?

2

La avutarda cumple a la perfección aquella norma inventada que dice que cuanto más grande es un ave, más grande es la distancia desde la cual la podremos observar sin que se asuste. Y así es, ya que las avutardas son tan ariscas que pueden huir volando cuando aún nos encontramos a unos cuantos centenares de metros de distancia. Aun así, no es difícil verlas en algunas llanuras esteparias de Castilla (un ejemplo serían las lagunas de Villafáfila, en Zamora) y también de Extremadura, e incluso cerca de Madrid. En la época de cría, los machos erizan y exhiben su plumaje hasta el límite. Las zonas de exhibición son las mismas cada año y por esta razón la alteración del hábitat es muy perjudicial para esta especie. Las avutardas son vegetarianas, pero como complemento también comen insectos, gusanos, roedores y caracolillos.

Curiosidades

3

La exhibición de los machos de avutarda en celo es quizás uno de los mayores espectáculos de toda la fauna ibérica. A lo lejos, un macho cortejando a la hembra aparece como una bola de plumas blancas donde resulta incluso complicado distinguir la cabeza.

Especies semejantes

4

Los machos son inconfundibles. Las hembras recuerdan una hembra de sisón muy grande.

Calamón
Porphyrio porphyrio

¿Cómo es?

1 El calamón es el gigante de la familia de las gallinetas y las fochas, y también el más vistoso por su color azul oscuro casi fluorescente en la cara y el pecho. Sus dedos extremadamente largos le permiten moverse por encima de la vegetación acuática.

¿Cómo vive?

2 Es un ave típica de zonas húmedas mediterráneas, muy escasa años atrás pero actualmente en expansión gracias a varios proyectos de reintroducción. Contrariamente a la focha y a la gallineta común, el calamón prefiere deambular por las aguas someras y evita nadar si es posible. Come un poco de todo, pero le gusta especialmente la base de los tallos tiernos de enea, que, una vez cortados con su fuerte pico, sujeta con una pata perfectamente mientras los va desmenuzando tranquilamente con el pico. Igual que sus parientes más pequeños, los calamones también construyen nidos de enea en las zonas medio inundadas. Sus pollitos, de color negro azabache, parecen bolas de peluche con patas y dedos todavía más desproporcionados que en los adultos.

Curiosidades

3 El calamón es originario de zonas tropicales de África, Asia y Oceanía, y su distribución en Europa es muy limitada, siendo el sur de Europa el límite norte de su área distribución, que se ve limitada por las bajas temperaturas invernales que se registran más al norte.

Especies semejantes

4 La gallineta común o polla de agua es parecida al calamón, pero es mucho más pequeña. Además, las patas y los dedos de los calamones son muy largos y el escudo rojo que tienen sobre el pico es muy grande en comparación con el de las gallinetas.

Polla de agua
Gallinula chloropus

¿Cómo es?

1 La polla de agua o gallineta común es parecida a un diminuto calamón de color oscuro, con una línea de plumas blancas en cada flanco y una vistosa mancha roja encima el pico. Las patas, de color verdoso, tienen dedos largos que le ayudan a caminar por el barro y la vegetación flotante sin hundirse. Los jóvenes no tienen la mancha roja del pico y son de color más claro y ocráceo que los adultos.

¿Cómo vive?

2 Son aves tímidas, que encontraremos siempre cerca de aguas dulces, ya sean grandes humedales, pequeñas balsas y arroyos o estanques urbanos. Su capacidad para soportar aguas un poco contaminadas les lleva incluso a criar en zonas industrializadas. Comen de todo. A veces repasan la superficie del agua como lo haría un ánade real, pero también pueden salir y buscar comida en el suelo como una gallina. Cuando se sienten observadas huyen nadando o corriendo, escondiéndose enseguida en la vegetación. Si es preciso también pueden zambullirse como un zampullín. Sólo si es imprescindible se deciden a arrancar su vuelo pesado, aunque una vez alcanzada la velocidad de crucero pueden recorrer largas distancias.

Curiosidades

3 Las gallinetas construyen un nido grande y elaborado con hojas de enea trenzadas, que sitúan cerca del agua, a menudo a pocos centímetros sobre la superficie, y contiene 8 ó 10 huevos moteados. Los pollitos son negros, tienen el pico rojo nada más nacer y siguen a sus padres pocas horas después. Cuando hay una segunda puesta, los hermanos mayores ayudan a los padres a cuidar de los pequeños ofreciéndoles comida con el pico.

Focha
Fulica atra

¿Cómo es?

1   La focha es menor que un calamón y mayor que una polla de agua, y tiene la frente blanca en vez de roja. Los dedos de sus pies están ensanchados gracias a unas membranas laterales que les ayudan en la natación, y que explican que la focha sea la más acuática de las tres especies.

¿Cómo vive?

2   Las fochas viven siempre en lugares con mucha cantidad de agua dulce, ya que esta especie no se conforma con arroyos y pequeñas balsas como las gallinetas comunes. Su alimentación es variada, pero les gusta especialmente chapuzarse para picar la vegetación acuática sumergida. Construyen los nidos escondidos entre la vegetación, atando las hojas de la enea hasta crear una estructura bastante sólida. Las fochas pequeñas siguen enseguida a sus padres, pero las primeras noches vuelven al nido y se acurrucan todos juntos: la madre protege muy bien su pollicada como lo hace la clueca con sus pollos. En invierno, las fochas se agrupan en grupos de cientos de ejemplares. En esta época, la población ibérica de fochas aumenta debido a la llegada de ejemplares del norte.

Curiosidades

3   La carne de la focha no es muy apreciada, pero esto no evita grandes batidas organizadas, que en una sola jornada pueden eliminar cientos de ejemplares.

Especies semejantes

4   La focha cornuda es idéntica, pero tiene dos bultos pequeños de color grana sobre el pico. Es una especie africana muy escasa en la Península que habita solamente en algunas lagunas andaluzas.

Chorlitejo patinegro
Charadrius alexandrinus

¿Cómo es?

1   El chorlitejo patinegro es un ave pequeña, con la espalda del mismo color de la arena de las playas donde vive, y el pecho de color blanco. Cuando arranca el vuelo parece más grande, y enseña los laterales de la cola de color blanco y las alas largas con bandas claras muy visibles. El macho tiene media gargantilla negra en el cuello y unas manchas oscuras en la cabeza.

¿Cómo vive?

2   En zonas abiertas cerca de la costa, nunca lejos del agua. Habita en todo el litoral ibérico excepto la Cornisa Cantábrica, también en Baleares y en Canarias. Como todas las aves, los chorlitejos anidan directamente en el suelo, aprovechando el resguardo de un matorral o simplemente la cazoleta dejada por la huella de una vaca. Comen invertebrados, caracolillos y otros bichos que cazan en la arena.

Curiosidades

3   Los chorlitejos corren a toda velocidad antes de decidirse a emprender el vuelo, a menudo se paran súbitamente para mirar y vuelven a reanudar la marcha súbitamente. Podríamos decir que son los auténticos "correcaminos" de nuestra fauna.

Especies semejantes

4   El chorlitejo chico es muy parecido, sólo que un poco menor y con una gargantilla negra bien acabada que le atraviesa la parte delantera del pecho. El chorlitejo grande es un poco mayor que el chorlitejo patinegro, con un diseño que se parece mucho al chico, pero con la base del pico amarilla.

Avoceta
Recurvirostra avosetta

¿Cómo es?

1   Del tamaño de una pequeña paloma, aunque parece mucho mayor. Es inconfundible por su diseño blanco y negro, que todavía es más visible cuando levanta el vuelo. Si la vemos de cerca, apreciaremos sus patas azules y su increíble pico torcido hacia arriba, único en las aves ibéricas.

¿Cómo vive?

2   En las marismas del Guadalquivir y zonas próximas, en las salinas de Santa Pola (Alicante) y también en el delta del Ebro. En estas zonas encuentran el ambiente ideal para su estilo de vida: aguas salobres someras y terrenos yermos, arenosos o fangosos, con muy poca vegetación.

Se alimentan de todo tipo de invertebrados que recogen en la superficie del agua con su pico especial, que la evolución ha diseñado especialmente para este menester. Las avocetas crían en el suelo, en una pequeña depresión que preparan ellas mismas. Los nidos están siempre más o menos cerca unos de otros, ya que son aves que acostumbran a criar en colonias laxas. Ponen tres o cuatro huevos moteados que se confunden muy bien con el entorno, y ambos padres se encargan de la incubación. Los pollitos son nidífugos y siguen a los padres enseguida. Nada más nacer, ya se puede apreciar en su pico una pequeña curvatura hacia arriba.

Curiosidades

3   El pico de la avoceta es en realidad una herramienta especializada en la captura de pequeños crustáceos que viven en la superficie del fango casi líquido de las aguas someras salobres. Con nerviosos movimientos laterales del pico, las avocetas localizan a sus pequeñas presas prácticamente sin necesidad de verlas.

Cigüeñuela
Himantopus himantopus

¿Cómo es?

1

La cigüeñuela es un ave esbelta, con el cuerpo del tamaño de una tórtola, que se desplaza sobre unas patas exageradamente largas. La forma del cuerpo y el diseño de su plumaje, blanco con alas negras, nos recuerdan una pequeña cigüeña.

¿Cómo vive?

2

Las encontraremos en humedales, salinas, arrozales y otras zonas encharcadas de casi toda la Península, a excepción de la Cornisa Cantábrica y Galicia. Habitan también en Baleares, aunque faltan en Canarias. Se alimentan de invertebrados que capturan en el agua sin mojarse, ya que sus largas patas actúan como auténticos zancos. El nido es una plataforma de restos vegetales levantada en aguas someras. Si durante la incubación sube el nivel de agua, no dudan en añadir material bajo los huevos para ir levantando el nido y evitar el riesgo de inundación. Los pollitos son nidífugos, tienen ya las patas un poco largas y siguen enseguida a sus padres. Terminada la temporada de cría, jóvenes y adultos desaparecen en pocos días en dirección a las zonas de invernada, y las áreas de cría aparecen de repente vacías sin el vocerío y los revoloteos de estas pequeñas zancudas. Hacia el mes de marzo, aproximadamente, regresan a sus zonas de cría.

Curiosidades

3

Las cigüeñuelas no pasan desapercibidas. A menudo anidan en pequeñas colonias junto a otras aves y, cuando hay algún peligro, son los primeros en dar la alerta con chillidos estridentes y vuelos rasantes. En Baleares son conocidas como *avisadors*.

Ostrero
Haematopus ostralegus

¿Cómo es?

1 El ostrero es inconfundible. Es un ave fuerte, del tamaño de una paloma grande, con patas más bien gruesas y pico largo aún más potente, de un vistoso color rojo.

¿Cómo vive?

2 El ostrero es un limícola, igual que la cigüeñuela, las avocetas y los chorlitejos, y como la mayor parte de representantes de esta familia vive en ambientes acuáticos. Pero el ostrero tiene una especialidad: le gusta repasar las playas, allá donde rompen las olas, para encontrar su alimento preferido. Estas aves son auténticas especialistas en abrir toda clase de pequeños moluscos bivalvos. Para lograrlo introducen el pico hábilmente en el interior del molusco y cortan el músculo que abre y cierra las dos valvas. Entonces, cuando la concha ya no puede cerrarse, comen tranquilamente su contenido blando y sabroso. En España es un ave muy escasa, solamente unas cuantas parejas crían en islotes de las costas gallegas y otras más en las playas del delta del Ebro. En invierno la llegada de invernantes procedentes de Europa permite observar ostreros incluso en playas de Andalucía.

Curiosidades

3 Los ostreros son muy abundantes en las costas del norte de Europa, donde son mucho menos ariscos. A veces se observan grupos de cientos de ejemplares, y no es raro ver ostreros criando cerca de una carretera asfaltada. En muchos idiomas, como el español, el nombre de estas aves hace referencia a su alimentación: así, tenemos el francés *huîtrier*, el inglés *oystercatcher* y el alemán *Austernfischer*.

Avefría
Vanellus vanellus

¿Cómo es?

1   Con el tamaño de una paloma, a lo lejos las avefrías parecen pintadas en blanco y negro, con una cresta de plumas largas y delgadas encima de la cabeza.

¿Cómo vive?

2   La avefría pertenece a la familia de los limícolas, como la chocha perdiz, pero ambas especies son excepciones dentro de su familia. La chocha perdiz vive en el bosque, y la avefría anida en llanuras y barbechos a menudo cerca de zonas húmedas, pero en cambio en invierno, que es cuando mayormente nos visita, puede tener una vida más terrestre. Se alimenta de gusanos que localiza por el ruido que emiten al moverse bajo tierra. Durante la migración, les gusta hacer paradas de reposo en yermos y campos de cultivo, de manera que es un ave popular y presente todos los inviernos en muchas zonas de España, donde existe también una pequeña y dispersa población reproductora repartida sobre todo por el centro de la Península y el extremo occidental de Andalucía. Es una especie muy sensible al frío intenso y a la sequía.

Curiosidades

3   Las avefrías pueden llevar a cabo desplazamientos súbitos cuando una ola de frío las sorprende, ya que les es imposible hurgar el suelo para buscar comida cuando todo está helado. En realidad, su propio nombre tiene su origen en esta costumbre de desplazarse huyendo del frío. En Europa es un ave muy abundante. Antiguamente, en algunas zonas de cría del centro y norte de Europa los huevos de avefría eran recogidos y aprovechados para el consumo humano, y habían llegado a ser muy apreciados.

Chocha perdiz
Scolopax rusticola

¿Cómo es?

1   La chocha perdiz es un ave rechoncha, del tamaño de la perdiz, con las patas cortas y el pico delgado y muy largo. Todo el cuerpo está cubierto de un plumaje mimético del mismo color de la hojarasca del bosque.

¿Cómo vive?

2   Las chochas viven en bosques frescos y húmedos y son activas sobre todo al oscurecer, cuando salen a buscar comida en calveros y riachuelos. Comen toda clase de invertebrados, pero los gusanos de tierra les gustan especialmente. Para capturarlos clavan literalmente el pico en el suelo y los extraen gracias a su estructura, que tiene el extremo especialmente sensible y móvil. Con el pico hundido en el suelo del bosque y la boca cerrada, las chochas pueden abrir y cerrar sólo la punta del pico y capturar los gusanos bajo tierra. Las señales de esta actividad se reconocen fácilmente.

En España la chocha perdiz es un ave de paso e invernante, que suele llegar a finales de noviembre, aunque también hay chochas que anidan cada año en bosques de la Cordillera Cantábrica y los Pirineos. El nido, que suele albergar cuatro huevos miméticos, es una depresión en la hojarasca, muy camuflado debajo los matorrales de bosques húmedos y bien conservados. Algunos autores aseguran que, si se sienten amenazadas, las chochas pueden coger los pollitos con las patas y llevárselos volando, un comportamiento insólito entre nuestras aves.

Curiosidades

3   La chocha es una pieza de caza muy apreciada, y hay auténticos especialistas que las persiguen repasando sus zonas preferidas con la ayuda de un perro amaestrado. Desgraciadamente para ellas, las chochas son también muy apreciadas en la cocina. Y, aunque es ilegal comerciar con ellas, todavía algunos restaurantes ofrecen chocha perdiz a sus clientes más especiales.

Agachadiza común
Gallinago gallinago

¿Cómo es?

1

La agachadiza común es una parienta próxima de la chocha perdiz, pero es más esbelta y pequeña y tiene el pico aún más largo en comparación con el cuerpo.

¿Cómo vive?

2

Les gustan especialmente los terrenos fangosos, donde pueden buscar el alimento clavando en el fango su pico sensible y móvil.

Las agachadizas crían en el centro y el norte de Europa y cada invierno, más o menos de septiembre a marzo, vuelan hacia el sur hasta llegar a las zonas de invernada, entre las que se encuentra la península Ibérica, donde se dispersan por estanques, ríos y torrentes en solitario o en grupos poco numerosos. Solamente en las zonas húmedas aparecen grandes grupos de aves invernantes o de paso, a menudo compartiendo el espacio con avefrías y otras aves. Hay poblaciones de agachadizas que migran más hacia el sur, llegando a atravesar el desierto del Sahara y haciendo paradas en los oasis. Algunas parejas crían aisladamente en el norte de España.

Curiosidades

3

Cuando se sienten amenazados, se quedan un momento inmóviles para aprovecharse de su plumaje mimético, que les ayuda a confundirse con el entorno. Sin embargo, si es preciso alzar el vuelo, lo hacen rápidamente, dibujando un zigzag que a menudo se convierte en un círculo amplio que los devuelve al punto de partida.

Especies semejantes

4

La chocha perdiz es mucho más grande y menos esbelta. Además, la agachadiza se deja ver a la luz del día cerca del agua y la chocha perdiz es un ave forestal muy tímida que entra en actividad al atardecer.

Gaviota patiamarilla
Larus michahellis

¿Cómo es?

1
Los adultos tienen cabeza, cuello y pecho blancos y alas de color gris plomo. El plumaje de los jóvenes es muy diferente, de color marrón oscuro y muy moteado.

¿Cómo vive?

2
En un principio eran aves marinas que vivían de peces, animalejos y carroñas que encontraban cerca de la costa. Pero el crecimiento turístico del litoral y el correspondiente aumento de vertederos al aire libre cambiaron la vida de las gaviotas patiamarillas, que pronto encontraron en la basura un almacén de comida fácil que no se podía desaprovechar. Actualmente, las gaviotas patiamarillas crían en todas las costas españolas incluidas las islas Baleares y Canarias. Sólamente las islas Medes, situadas enfrente de la población de L'Estartit (Gerona), albergan más de diez mil parejas en unas veinte hectáreas de extensión.

Las gaviotas alimentan sus pollos con gusanos de tierra y desperdicios. Cuando los pollos pueden volar, aprenden enseguida la vida fácil que representa alimentarse en los vertederos, donde aprovechan desde patas de pollo hasta desperdicios de comida o animales muertos.

Curiosidades

3
Las gaviotas se han ganado el mote de *ratas con alas* gracias a su gran capacidad de adaptación y a los problemas que llevan donde se instalan. En las zonas húmedas, pueden perjudicar las colonias de otras aves acuáticas devorando huevos y pollos. También anidan en los tejados de algunas ciudades, con todos los inconvenientes que esto conlleva para el vecindario.

Especies semejantes

4
La gaviota sombría es idéntica pero de color gris oscuro. La escasa gaviota de Audouin también es parecida, pero con el pico rojo.

Gaviota reidora
Larus ridibundus

¿Cómo es?

1 La gaviota reidora es una de las más pequeñas, poco mayor que una paloma. En verano, es fácilmente reconocible por el color marrón oscuro de la cabeza, que contrasta con el resto del cuerpo. En invierno, en cambio, el tono marrón de la cabeza desaparece totalmente en favor de un color blanco sucio.

¿Cómo vive?

2 Aparece en los puertos de muchas ciudades costeras y también tierra adentro, aunque siempre a poca altura sobre el nivel del mar. Durante la época de cría, las gaviotas reidoras son más exigentes, necesitan más tranquilidad que las gaviotas patiamarillas, y por esta razón crían solamente en zonas húmedas bien conservadas.

Curiosidades

3 Es la gaviota más abundante del país después de la patiamarilla. En realidad, se trata también de una de aquellas especies que llamamos oportunistas, que aprovechan cualquier recurso disponible. La podemos encontrar siguiendo barcos de pesca para aprovechar sus desperdicios y también revoloteando detrás de los tractores, dispuestas a atrapar cualquier invertebrado desenterrado por los arados. En las grandes ciudades, las gaviotas reidoras compiten con los patos de los parques urbanos para conseguir la comida que ofrecen los visitantes.

Especies semejantes

4 En verano es inconfundible por su cabeza marrón oscuro, pero en invierno la presencia de gaviotas cabecinegras invernantes complica la identificación. Nos debemos fijar, para diferenciarlas, en la punta de las alas, que en la gaviota vulgar son negras y en la gaviota cabecinegra, totalmente blancas.

Charrán común
Sterna hirundo

¿Cómo es?

1   Es un pariente próximo de las gaviotas, más bien cabezudo, con patas cortas y alas largas y estrechas. Se caracteriza por su pico rojo brillante.

¿Cómo vive?

2   Los charranes son aves pescadoras que encontraremos en marismas y humedales. Se alimentan de pequeños peces que capturan lanzándose en picado desde algunos metros de altura. Construyen el nido en tierra, en llanuras de arena a menudo cerca del mar. La única defensa de los padres es levantar el vuelo ante el más mínimo peligro y gritar y amenazar al intruso para intentar distraerlo confiando en el color mimético de los huevos y de los pollitos, que les ayuda a pasar desapercibidos. Los charranes alimentan a sus crías con pequeños peces enteros. A veces, los padres aportan presas demasiado grandes para el tamaño de los pollos, pero aun así intentan de todas maneras cebarlos, hasta que finalmente abandonan y vuelven a la marisma en busca de otro ejemplar de tamaño más adecuado.

Curiosidades

3   Los charranes son voladores incansables. El charrán ártico, casi idéntico al charrán común, es una de las aves que recorre más distancia cada año durante la migración, ya que se desplaza desde el norte de Europa hasta Sudáfrica siguiendo la costa para atravesar mar abierto hasta los hielos permanentes de Antártida. Este viaje, de unos 18.000 km, lo repiten dos veces al año.

Especies semejantes

4   Hay varias especies de charranes y fumareles que se pueden confundir con el charrán común si no los observamos de cerca: el charrancito, muy pequeño y con el pico amarillo; el charrán patinegro y la pagaza piconegra, que son más grandes y tienen el pico negro, y los fumareles, que son semejantes, pero de color más oscuro.

Charrancito
Sterna albifrons

¿Cómo es?

1

El charrancito es con diferencia el más pequeño de todos los charranes europeos, ya que no llega ni al tamaño de una tórtola. Aparte del tamaño, es fácil reconocerlo por el pico y las patas de color amarillo y por la mancha blanca que tiene en la frente, que le ha valido su apellido científico: *albifrons*.

¿Cómo vive?

2

El charrancito no es muy abundante en ninguna parte, pero tiene una gran área de distribución, ya que aparte de Europa también ha colonizado África, Asia y Oceanía, siempre en zonas húmedas naturales o artificiales donde encuentra los peces pequeños, crustáceos, gusanos, insectos y otros invertebrados de que se alimenta. En España, habita en el delta del Ebro, el litoral valenciano, Extremadura y las marismas del Guadalquivir. Crían en el suelo, a menudo en lugares desprovistos de vegetación y cerca de chorlitejos y charranes comunes. Su nido es una simple depresión en la arena decorado a veces con trocitos de conchas y piedrecillas. Su diminuto tamaño les permite convertir una simple huella de toro en un nido acogedor. Ponen dos o tres huevos pequeños y manchados que se confunden perfectamente con el entorno, y que incuban ambos padres. Los pequeños, como todos los charranes, nacen cubiertos de plumón, con los ojos abiertos, y se tragan enteros los pequeños peces que les traen sus padres.

Curiosidades

3

Pese a su tamaño, los charrancitos son excelentes pescadores, capaces de cernirse un buen rato para localizar exactamente una presa antes de lanzarse en picado, sumergiendo si es preciso todo el cuerpo en el agua.

Paloma bravía
Columba livia

¿Cómo es?

1

La paloma bravía es el antepasado salvaje de todas las razas de palomas domésticas, y nos recuerda mucho una típica paloma urbana de color gris, con dos franjas negras en las alas bien marcadas. En vuelo, resalta el obispillo de color blanco.

¿Cómo vive?

2

Antiguamente era un ave salvaje ligada especialmente a todo tipo de acantilados, donde construye los nidos en las grietas de las rocas. Pero a raíz de su domesticación, hoy día es una de las aves más abundantes tanto en cautividad como en libertad, especialmente en las grandes ciudades, y este hecho complica mucho la identificación de las auténticas palomas bravías que aún viven en los acantilados sin haberse cruzado nunca con aves domésticas.

Curiosidades

3

Las palomas son aves domesticadas por el hombre desde la antigüedad, y actualmente hay cientos de razas logradas gracias a la selección artificial de determinados caracteres, que han dado ocasión a palomas de formas y colores muy diferentes de los originales. Algunas de estas razas se han alejado tanto de su origen que la forma del pico de los padres no les permite ya alimentar a sus hijos. En este caso, los criadores mantienen la raza artificialmente entregando los pichones a madres nodrizas de otras razas.

Especies semejantes

4

Las palomas bravías se pueden confundir con las palomas zuritas, que no tienen las bandas alares tan conspicuas. Y también con las palomas torcaces jóvenes, cuando todavía no tienen las manchas blancas en el cuello. Ambas especies, sin embargo, tienen el obispillo gris y no blanco.

Paloma torcaz
Columba palumbus

¿Cómo es?

1

La paloma torcaz es un ave grande y fuerte con dos manchas claras bien visibles a cada lado del cuello y una banda blanca también en cada ala, muy visible en vuelo. A las jóvenes les faltan las manchas blancas del cuello.

¿Cómo vive?

2

La paloma torcaz es un ave abundante que anida en los bosques y a menudo se alimenta en los campos de casi toda la Península. En la época de cría, las palomas torcaces emiten un canto profundo y grave que recuerda el de las palomas, y que se oye a mucha distancia dentro del bosque. El nido, situado siempre en árboles, es tan simple que a menudo es posible ver los huevos desde abajo, a trasluz. Suelen poner dos huevos blancos como la nieve, raramente uno solo. Esta baja producción la compensan con más de una puesta, de manera que a veces aún hay pollos en el nido en pleno agosto. Cuando comen, los pichones meten literalmente la cabeza dentro de la boca de los adultos, que los primeros días regurgitan una especie de leche espesa que fabrican en el buche. Las palomas torcaces son granívoras, aprovechan todo tipo de semillas hasta el tamaño de una bellota.

Curiosidades

3

Las palomas torcaces son muy desconfiadas, y abandonan los huevos con mucha facilidad cuando algo las asusta durante la incubación. En cambio, en muchos países europeos son más tranquilas, y llegan a instalarse en los parques urbanos y en las urbanizaciones, una costumbre que desde hace unos cuantos años también empieza a arraigar en España.

Especies semejantes

4

La paloma zurita es más pequeña que la torcaz, de color grisáceo y sin manchas blancas en plumaje.

Tórtola común
Streptopelia turtur

¿Cómo es?

1 Tiene el aspecto de una paloma pequeña y esbelta, con las alas de color castaño moteadas de negro y una gargantilla blanca y negra poco marcada a los lados del cuello. En vuelo, se aprecia muy bien el borde blanco de la cola.

¿Cómo vive?

2 Es un ave migratoria que llega en abril y se va apenas acabada la cría, en septiembre, para pasar el invierno en zonas cálidas del centro de África. Durante el tiempo que están aquí, las tórtolas son pájaros de bosque muy ariscos, que salen a las llanuras para comer y abrevarse. Entonces es cuando es más fácil verlas, normalmente en parejas. Los nidos de las tórtolas son semejantes a los de las palomas torcaces, muy básicos, y contienen también dos huevos blancos. Estas aves son muy desconfiadas y durante la época de cría son capaces de salir volando con una molestia mínima. Entonces prefieren abandonar el nido y volver a construir otro nido nuevo en otro lugar. Como las palomas torcaces y zuritas, se alimentan de semillas y materia vegetal.

Curiosidades

3 Igual que las palomas torcaces, pero por el momento en menos cantidad, las tórtolas comunes empiezan a instalarse en algunas ciudades como si supiesen que en las ciudades desaparecen algunas de sus principales amenazas, como son las armas de fuego.

Especies semejantes

4 La tórtola turca tiene más o menos la misma forma, pero tiene un color más uniforme, con la gargantilla del cuello mejor definida.

Tórtola turca
Streptopelia decaocto

¿Cómo es?

1

Muy semejante a las tórtolas domésticas caseras, sólo que un poco mayor y de color un poco más oscuro. El canto, en cambio, es muy diferente: recuerda más a una paloma torcaz que a una tórtola doméstica.

¿Cómo vive?

2

Es un ave muy ligada a la presencia del hombre, hasta el punto que cría siempre en zonas habitadas. Le gustan los jardines con árboles viejos, los *campings*, los parques urbanos de las ciudades y las urbanizaciones. Nidifica en los árboles, y no es tan arisca como las tórtolas comunes y las palomas torcaces. Al contrario, a veces crían cerca de las ventanas de los chalets y desde el interior es posible ver la madre alimentando a los pollos. Comen todo tipo de semillas y también aprovechan desechos comestibles de la ciudad.

Curiosidades

3

Es una de las últimas incorporaciones de nuestra fauna. Es originaria de Asia, pero desde principios de siglo se encuentra en continua expansión, ocupando siempre zonas humanizadas. Llegó a Francia hacia 1950, y a principios de los setenta ya empezaba a criar en el norte de España. Entonces estas tórtolas eran una auténtica novedad, pero ahora la situación ha cambiado radicalmente: la tórtola turca no sólo ha conquistado muchas ciudades españolas, sino que ha cruzado el estrecho y empieza a colonizar Marruecos. Los expertos calculan que tenemos más de cincuenta mil parejas nidificantes.

Especies semejantes

4

Las tórtolas domésticas, más pequeñas y de color más claro, son muy parecidas.

Lechuza
Tyto alba

¿Cómo es?

1 Es la única rapaz nocturna con el pecho y la parte inferior de las alas de color blanco, claramente visibles, sobre todo si la observamos en vuelo. La fisonomía también es especial, con los ojos de color negro azabache y un disco facial muy marcado rodeando su cara.

¿Cómo vive?

2 Las lechuzas suelen instalarse para criar en agujeros y desvanes de casas o iglesias, donde ponen directamente los huevos en el suelo, en un rincón, sin añadir ningún tipo de material. Se alimentan sobre todo de ratones, musarañas y topos, aunque algunas parejas pueden especializarse en cazar otras presas, como pájaros o incluso grandes escarabajos cerambícidos cuando son abundantes. Como todos sus parientes, las lechuzas se tragan sus presas enteras, pero no pueden digerir los huesos y el pelo, lo que solucionan vomitando unas bolas compactas con todos los restos no digeridos, llamadas *egagrópilas*. Las egagrópilas deshechas se acumulan en el nido, sirven de cama a los pollos y son toda una fuente de información para los naturalistas que, examinando los cráneos de los pequeños mamíferos que contienen, llegan a identificar a las especies que las lechuzas han cazado.

Curiosidades

3 En general, las lechuzas son consideradas aves de mal agüero, e incluso antiguamente eran relacionadas a menudo con la muerte. Una leyenda antaño extendida entre las gentes de campo aseguraba que el canto de una lechuza cerca de una casa anunciaba la muerte de uno de los habitantes, y que el maleficio sólo se podía romper sacrificando un ave de corral y enterrándola en el lugar de los hechos.

Carabo
Strix aluco

¿Cómo es?

1

El carabo es valiente y rechoncho, de tamaño poco mayor que la lechuza y el búho chico pero de apariencia mucho más fuerte. Tiene formas redondeadas, ojos oscuros, casi negros y la cabeza muy grande en comparación con el cuerpo. No es un ave fácil de observar, pero en cambio es fácil reconocer su canto, que emite repetidamente durante las noches de finales de invierno, cuando se prepara para aparearse.

¿Cómo vive?

2

Es un habitante de bosques caducifolios y encinares. En la época de cría, se instala en agujeros de grandes árboles centenarios, aunque ante la escasez de cavidades naturales, también hay parejas que anidan en casas abandonadas, buhardillas, campanarios, e incluso en grandes cajas nido. Los carabos son estrictamente nocturnos. Como los otros búhos, tienen las plumas preparadas para volar sin hacer prácticamente ruido, y localizan los ratones y las musarañas más con el oído que con la vista. Por esta razón las rapaces nocturnas tienen un agujero auditivo un poco más arriba que el otro, y esta pequeña diferencia les ayuda a localizar las presas en la oscuridad.

Curiosidades

3

Los jóvenes carabos acostumbran a salir del nido antes de poder volar, y a menudo son recogidos por gente que piensa que son "pollitos abandonados". Al final, la mayor parte de estos pollitos acaban en los centros de recuperación de fauna salvaje, que cada primavera tienen que soportar un trabajo extra para criar docenas de carabos que hubiesen sobrevivido perfectamente en el bosque alimentados por sus padres.

Autillo
Otus scops

¿Cómo es?

1 La más pequeña de todas nuestras rapaces nocturnas es del tamaño de un estornino. Tiene la cabeza adornada con una par de pequeños penachos de plumas, que puede plegar y desplegar a voluntad, y los ojos menudos y amarillos.

¿Cómo vive?

2 Es un ave tímida y nocturna muy difícil de observar. En cambio, es muy fácil oír e identificar su canto, un silbato corto y potente que repite infinidad de veces en intervalos de pocos segundos. El canto del autillo recuerda el canto de los sapos parteros, aunque éstos suelen cantar en grupo y emiten un sonido mucho más débil.

Los autillos son migradores: llegan aquí en primavera y vuelven a emigrar hacia tierras africanas pasado el verano, de la misma manera que las golondrinas o los ruiseñores. Crían aprovechando agujeros naturales o artificiales. Empiezan a incubar a partir de la puesta del primer huevo, así que los pequeños nacen escalonados. En años de escasez, los hermanos mayores acaparan toda la comida disponible y los pequeños acaban muriendo. Este sistema es propio de muchas rapaces, y permite criar el máximo de crías posible con la comida disponible. Los autillos se alimentan de presas pequeñas, cazan insectos, escolopendras y otros invertebrados y también se atreven con los ratones y las salamanquesas.

Curiosidades

3 Los autillos aceptan bien las cajas nido, hasta el punto que algunos estudios de cría se basan en colocar cajas nido para incitar estos pájaros a criar en ellas y después poderlos controlar. Sólo es necesario que sean un poco más grandes de lo normal y con un agujero también más grande, de unos ocho centímetros de diámetro.

Mochuelo común
Athene noctua

¿Cómo es?

1

Un poco mayor que el autillo, del tamaño de una tórtola, pero con la cabeza muy grande, en la que resaltan los ojos grandes de color amarillo. El cuerpo es rechoncho, acabado con una cola muy corta.

¿Cómo vive?

2

El mochuelo es bastante diurno, y por lo tanto es fácil observarlo en pleno día en los tejados de las casas de campo o en los postes de teléfono. Cría en agujeros, bien sean en una pared, entre las rocas, en un terraplén o en un árbol. Cuando se aparean lo hacen de por vida y, si nadie los molesta, pueden pasar años viviendo en el mismo lugar. Se alimentan de insectos y mamíferos pequeños, como ratones y topillos, pero a veces capturan presas muy variadas, desde gusanos, ranas y culebras pequeñas hasta pequeños pájaros.

Curiosidades

3

Los mochuelos son pájaros populares por el hecho de que son las únicas rapaces nocturnas que se dejan observar en pleno día. En muchas culturas, el mochuelo y en general las otras rapaces nocturnas han estado venerados como símbolos de la sabiduría, y hay un montón de mitos y leyendas alrededor de ellas.

Igual que los autillos y las lechuzas, los mochuelos están en clara regresión en muchas zonas. La disminución de la especie, debida en parte a la falta de agujeros para criar, a los atropellos en las carreteras y a la utilización de pesticidas, hace que la típica imagen del mochuelo en el tejado de la casa de campo sea cada vez más difícil de observar.

Especies semejantes

4

El autillo, más pequeño, tiene falsas orejas de plumas encima de la cabeza, pero no aparece jamás en pleno día como el mochuelo.

Búho chico
Asio otus

¿Cómo es?

1 Del tamaño de la lechuza, con ojos color naranja y penachos encima de la cabeza que levanta y esconde a voluntad. El cuerpo es de color anaranjado con manchas oscuras.

¿Cómo vive?

2 Es un ave de bosques y campos que pasa muy desapercibida. Contrariamente a las otras rapaces nocturnas, el búho chico no suele criar en agujeros, prefiere aprovechar nidos viejos de otras aves, especialmente de urracas, pero también de otros córvidos o rapaces, donde pone cuatro o cinco huevos redondos y blancos como la nieve. Sin embargo, como ocurre también con las demás rapaces nocturnas, normalmente no todos llegan a buen término, y lo más normal es que sobrevivan sólo dos o tres polluelos. Los búhos chicos habitan gran variedad de hábitats forestales, y son más abundantes en la mitad norte de la Península. Habitan también en Baleares y en Canarias.

Curiosidades

3 En invierno, los búhos chicos son gregarios, y pasan el día durmiendo en grupos pequeños, dispersos en un mismo árbol, absolutamente inmóviles y con las "orejas" estiradas y los ojos bien cerrados para confundirse al máximo con el entorno. Estos dormideros pueden acoger a veces hasta una docena de búhos; entonces la base del árbol queda cubierta de las egagrópilas de estas aves, todo un ofrecimiento para los naturalistas que estudian su dieta a través del contenido de las egagrópilas.

Especies semejantes

4 El búho chico parece una copia reducida de un búho real, pero es un poco más estilizado y, sobre todo, mucho más pequeño.

Búho real
Bubo bubo

¿Cómo es?

1   Es la mayor rapaz nocturna que existe. Las hembras, mayores que los machos, pueden llegar a pesar tres kilos y medir más de un metro y medio de envergadura. Tiene el pecho de color leonado salpicado de manchas oscuras verticales, ojos grandes muy vistosos y dos penachos de plumas en la cabeza que recuerdan unas orejas, aunque no tienen nada que ver con el sentido del oído.

¿Cómo vive?

2   El búho real es un ave solitaria que a menudo vive cerca de acantilados y desniveles, donde cría aprovechando pequeñas cuevas y agujeros naturales del terreno. Los nidos consisten en una pequeña depresión hecha por ellos mismos que suele quedar cubierta por restos de egagrópilas deshechas, alguna pluma y poco más. A veces aprovechan espacios muy pequeños donde a duras penas caben los dos o tres pollos que suele tener cada pollada. A menudo, también, los nidos son más accesibles de lo cabria suponer para un ave tan impresionante y altiva. El búho real se alimenta de ratas, erizos, conejos e incluso cachorros de zorro y otras rapaces, diurnas y nocturnas.

    Observar el búho real en plena naturaleza es complicado, pero, en cambio, es normal oír su canto, un "uuuh-uuuh" profundo y potente que llena las frías noches de invierno, cuando estas aves se encuentran en plena época de celo.

Curiosidades

3   Años atrás, muchos nidos de búho real eran expoliados para criar los pollos en cautividad y, una vez adultos, utilizarlos para atraer rapaces diurnas y poder así eliminarlas. En la actualidad, afortunadamente, el búho real es una especie protegida, como todas las demás rapaces, y la "caza con búho real" es una práctica absolutamente prohibida.

Chotacabras gris
Caprimulgus europaeus

¿Cómo es?

1   Ave esbelta, del tamaño de un mirlo, con alas y cola largas y vuelo raudo que recuerda el de un pequeño halcón. El macho tiene unas manchas blancas en las puntas de las alas y en la cola muy conspicuas en vuelo. El canto, muy particular, es un "rrrrruuurrrrreeeerrrrr" muy repetitivo que recuerda el canto monótono de un grillotopo.

¿Cómo vive?

2   Los chotacabras son aves insectívoras de costumbres crepusculares y nocturnas que aparecen al atardecer para cazar mariposas nocturnas en pleno vuelo. Tienen una boca inmensa que abren de par en par y unos "bigotes" situados encima del pico que les ayudan a encarar la presa hacia dentro. Son aves migratorias, que aparecen solamente en primavera y verano. Les gusta posarse en tierra, a menudo en el centro de las pistas forestales y, dado que confían en su plumaje mimético, no levantan el vuelo hasta el último momento, y a menudo mueren atropellados. Si quedan sólo heridos, abrirán su boca impresionante en el momento que los queramos recoger, pero son totalmente inofensivos. Normalmente ponen dos huevos directamente en el suelo. Los huevos y los pollitos son absolutamente miméticos.

Curiosidades

3   El nombre de chotacabras proviene de la creencia de que estas aves engañan a los pastores porque pueden ordeñar el ganado con su gran pico, y se alimentan de leche, aunque la realidad es que si se acercan a los establos es sólo para capturar los insectos que revolotean en los alrededores.

Especies semejantes

4   El chotacabras pardo es casi igual que el chotacabras gris, aunque de tonos más ocres y un poco mayor.

Cuco
Cuculus canorus

¿Cómo es?

1

En vuelo tiene el aspecto de un pequeño halcón, con alas puntiagudas, cola muy larga y pecho rayado. Los machos son de color plomo. Las hembras pueden ser del mismo color o bien marrones. Su canto (cu-cuuú, cu-cuuú…) es muy conocido.

¿Cómo vive?

2

Es un ave migratoria e insectívora, una de las pocas que se atreven con la procesionaria. Su sistema de cría es único: las hembras reparten los huevos en nidos de aves pequeñas, como el petirrojo o la tarabilla común, y se olvidan de ellos, ya que los padres adoptivos se encargarán de la incubación y de criar a los pollitos. El pequeño cuco pone manos a la obra nada más nacer: con pocas horas de vida empieza a notar que todo le molesta y empuja a sus hermanastros hasta echarlos fuera del nido y quedarse solo. De hecho, este comportamiento tiene una razón de ser: él solo necesita la misma cantidad de comida que todos sus hermanastros juntos. Pronto los padres adoptivos se quedan pequeños comparados con el tamaño del pollo y ocupan todo el día en alimentar a su insaciable hijo adoptivo.

Curiosidades

3

Cada cuco se acuerda de los padres adoptivos que lo han criado, así que cuando es adulto busca nidos de la misma especie para poner sus huevos. Los cucos que no ponen el huevo en un nido adecuado no tienen descendencia y esto frena la costumbre de poner los huevos a tontas y a locas y favorece a los que eligen un huésped bien capacitado.

Especies semejantes

4

El cuco real habita zonas abiertas de las llanuras y parasita nidos de urracas y cornejas. Tiene una cresta de plumas grises en la cabeza y la garganta de color claro.

Abejaruco
Merops apiaster

¿Cómo es?

1 Inconfundible, el abejaruco tiene todos los colores del arco iris. Incluso los jóvenes recién salidos del nido ya tienen la coloración muy parecida a los adultos.

¿Cómo vive?

2 Son migratorios y pasan el invierno en África. Llegan en abril o en mayo. Se instalan en zonas abiertas, campos y prados, donde se posan a menudo en tendidos eléctricos u otras atalayas para localizar libélulas, mariposas y otros insectos voladores. Suelen criar en grupo y se instalan en paredes arenosas, a veces cerca de riachuelos. El nido es un agujero excavado por ellos mismos en la tierra. Consiste en una galería del tamaño justo del pájaro y un metro o más de profundidad, que acaba en una cámara ovalada. Dado que la construcción de un nido comporta paciencia y horas de trabajo, las colonias de cría son reutilizadas cada año, y el mismo agujero puede ser ocupado varias veces. Los nidos con pollos en su interior acumulan en seguida restos de insectos que no se desaprovechan. Debajo los pollos, una montón de pequeñas larvas de escarabajo se alimentan de los restos y limpian constantemente el suelo de la habitación. Los pollos permanecen en el nido hasta que están completamente emplumados, y en el momento de salir tienen ya un vuelo casi perfecto. Poco después, jóvenes y adultos emprenden otra vez la larga migración hacia tierras africanas.

Curiosidades

3 Los abejarucos tienen mala fama entre los apicultores, que les acusan de comerse grandes cantidades de abejas. En realidad, éste es el origen de su nombre, aunque los abejarucos comen toda clase de insectos.

Abubilla
Upupa epops

¿Cómo es?

1   Es un ave muy vistosa, con el cuerpo anaranjado y la cabeza adornada con una cresta de plumas que abre como un abanico cuando está excitada. El pico, delgado, largo y curvado, está hecho a medida para sacar insectos de rendijas poco accesibles. Las alas y la cola tienen un vistoso diseño blanco y negro, muy visible durante su vuelo ondulante, como de mariposa.

¿Cómo vive?

2   Son aves migratorias que llegan temprano, las primeras aparecen ya en febrero. Son insectívoras, y una de sus presas predilectas son los grillotopos. Cuando consiguen atrapar uno, pasan un buen rato cogiéndolo y rebotándolo contra el suelo hasta que consiguen aturdirlo y tragarlo. Las abubillas no construyen nido, prefieren aprovechar agujeros de árboles o paredes, o el espacio que hay debajo de las tejas, y poner los huevos directamente en la cavidad. Los pollitos pasan tres semanas en el nido. Son aves nidófilas, los pequeños nacen diminutos, con los ojos cerrados y cubiertos de un plumón largo y fino. Mientras se encuentran en el nido, su defensa ante los enemigos es dispararles sus malolientes excrementos.

Curiosidades

3   Para mucha gente, la abubilla es un ave simpática, que se acerca a los estercoleros de las casas de campo a hurgar con su pico largo y delgado. El único defecto que el saber popular siempre le ha reprochado es el mal olor que pueden hacer sus nidos, donde se acumulan los excrementos de los pollos. En muchos idiomas, el nombre de esta ave tiene el origen en su canto: un suave y repetitivo "pu-pu-pú" que hay quien confunde con el canto del cuco, más potente y con sólo dos sílabas (cu-cuuú).

Carraca
Coracias garrulus

¿Cómo es?

1 Una de las aves más vistosas del país. En su cuerpo domina un azul eléctrico que brilla con el sol y parece incluso chispear cuando el pájaro revolotea buscando invertebrados en los rastrojos. Es totalmente inconfundible.

¿Cómo vive?

2 Las carracas aparecen en verano para criar procedentes de África tropical; sin embargo, son las últimas en llegar y las primeras en salir. Son aves de secano, que encontraremos sobre todo en Extremadura, Andalucía, Castilla y León y en la depresión del Ebro. Cuando llegan, ya entrada la primavera, se ponen manos a la obra sin perder tiempo, y la pareja se instala alrededor de un agujero natural, muchas veces el mismo del año pasado. A menudo, el lugar escogido para criar es el agujero de un almendro o de un olivo, pero también ocupan agujeros de edificios e incluso cajas nido. Ambos adultos incuban los huevos que nacen después de unos dieciocho días. El crecimiento de los pollos es rápido: alimentados sobre todo a base de insectos que sus padres capturan no muy lejos, al cabo de un mes dejan ya el nido y revolotean por los alrededores. Poco después se prepararán para el largo viaje hacia su residencia de invierno en países africanos.

Curiosidades

3 Aparte de su coloración, el canto de la carraca también es inconfundible: un "rrrooor, rrrooor" que repiten cientos de veces con el pico mirando al cielo mientras reposan en el posadero, y que le ha dado su nombre en varios idiomas (*rolieiro* en portugués, *roller* en inglés, *carraca* en español…).

Martín pescador
Alcedo atthis

¿Cómo es?

1 Aunque no lo parezca, es un pariente próximo del abejaruco, la abubilla y la carraca. El martín pescador es pequeño, no mucho mayor que un gorrión. Tiene la espalda, la cabeza y las alas de color azul celeste y el pecho color de arcilla. La cabeza, desproporcionadamente grande, acaba en un pico potente y grueso. Las patas son muy cortas y todo su cuerpo, en realidad, tiene una forma un poco extraña en comparación con las aves "convencionales", sobre todo por lo que respecta a las proporciones.

¿Cómo vive?

2 Vive cerca de cualquier masa de aguas dulces, bien sean ríos, riachuelos, canales o balsas, ya que se alimenta de peces y renacuajos que pesca lanzándose al agua en picado. Construye su nido excavando un agujero en un talud cerca del agua, muy parecido al nido de los abejarucos. El nido es un túnel de casi un metro de profundidad que acaba en una cámara donde depositan los huevos, cinco o seis, blancos como la nieve. Los nidos habitados son fáciles de reconocer porque suelen tener la entrada sucia de excrementos y emana de ellos un típico olor a pescado. De todas maneras, encontrar el nido no es fácil, lo más probable es ver un rayo azul que cruza sobre el río acompañado de un típico chillido de alarma que recuerda el chillido de un pito real. En invierno, cuando nos visitan martines pescadores migratorios procedentes del norte, la población aumenta y entonces podemos observar algunas de estas aves acomodadas incluso en balsas de riego.

Curiosidades

3 El martín pescador es un ave conocida, que tiene muchos nombres populares, como *guardarríos* o *camaronero*.

Pito real
Picus viridis

¿Cómo es?

1   El pito real es un ave robusta, poco mayor que un mirlo, de color verde con el cogote rojo y el obispillo amarillo, muy visible en vuelo. Los machos tienen un pequeño "bigote" rojo debajo del pico. El relincho de los pitos reales, agudo y potente, se puede oír a mucha distancia y es fácilmente reconocible.

¿Cómo vive?

2   Los pitos reales son aves sedentarias. Se alimentan de insectos que capturan con la ayuda de su lengua pegajosa y muy larga, que introducen en los hormigueros para extraer las hormigas, las pupas y las larvas. Cuando no la necesitan, la recogen aprovechando una cavidad especial que tienen en el cogote, entre la piel de la cabeza y el cráneo. Los pitos reales trepan fácilmente por los troncos verticales de los árboles. Para hacerlo, se agarran a la corteza con los dedos, apoyan las plumas endurecidas de la cola sobre el tronco y van subiendo a pequeños saltos. Eso les permite acceder a los insectos que se esconden en la corteza, y también sostenerse mientras construyen el nido, un agujero en el tronco del árbol que enseguida gira hacia abajo y se ensancha formando una cavidad del tamaño del pájaro. Ponen sus huevos blancos directamente en el fondo del agujero, sin añadir ninguna clase de material. Los pollos no dejan el nido hasta que, completamente emplumados, ya están bien preparados para espabilarse por su cuenta.

Curiosidades

3   Los pitos reales no se alejan mucho del bosque y anidan en todo tipo de árboles, que soportan bien el agujero porque ocupa el corazón del tronco, que es la parte menos activa del árbol. Pueden utilizar el mismo nido durante años, y cuando lo abandonan es reciclado enseguida por otras aves forestales.

Pito negro
Dryocopus martius

¿Cómo es?

1   El pito negro es el mayor de todos los pájaros carpinteros, casi del tamaño de una corneja. Tiene todo el cuerpo completamente negro, excepto una mancha roja en el cogote, más grande en los machos que en las hembras.

¿Cómo vive?

2   El pito negro es un ave tímida y escurridiza que a menudo podremos oír antes de llegar a verla. Vive solamente en los bosques mejor conservados de los Pirineos y la Cordillera Cantábrica. Se alimenta sobre todo de invertebrados que viven en la madera, que extrae con la ayuda de su pico potente y de su lengua larga, delgada y flexible. Cuando se encarniza con un tronco podrido, puede pasarse horas deshaciéndolo a golpes con su pico hasta dejar todo el suelo cubierto de pequeñas astillas. Para criar, los pitos negros excavan agujeros en los árboles semejantes a los de los otros pitos, pero a lo grande. Normalmente eligen grandes árboles, y se instalan a una altura considerable. Hacer un nido lleva mucho trabajo, y por eso tienen tendencia a aprovechar el nido del año anterior; sin embargo, si conviene, construyen uno nuevo. El trabajo puede durar un mes y la base del árbol queda cubierta de astillas recién arrancadas. El resultado es un agujero circular, de unos diez centímetros de diámetro, que enseguida se ensancha y gira hacia abajo hasta formar una cavidad más ancha en el fondo.

Curiosidades

3   Los nidos abandonados de los pitos negros pueden ser reutilizados por carboneros, torcecuellos, trepadores y también rapaces nocturnas, especialmente la escasa lechuza de Telgmam. Algunos mamíferos, como martas, lirones o murciélagos, también los pueden aprovechar.

Pico picapinos
Dendrocopus major

¿Cómo es?

1 Mucho menor que el pito real y el pito negro. El macho tiene una mancha pequeña de color rojo en el cogote, la hembra está pintada sólo en blanco y negro. Los ejemplares jóvenes, machos y hembras, tienen toda la parte superior de la cabeza de color rojo.

¿Cómo vive?

2 Son aves forestales, que encontraremos tanto en robledales y hayedos como en plantaciones de chopos. Igual que los otros pitos, anidan dentro de los árboles en agujeros que ellos mismos excavan en la madera con la ayuda de su pico potente, y tienen una preferencia expresa por los árboles muertos, que ofrecen una madera más blanda y por lo tanto más fácil de trabajar. Además de las carcomas de la madera y otros insectos, a los picos picapinos les encantan los frutos secos, como las bellotas, los piñones o las avellanas. Para abrir estas semillas tan duras, las meten en una rendija de la corteza de un árbol y después las abren con el pico.

Curiosidades

3 Son aves poco tímidas en comparación con sus parientes, que enseguida encuentran la comida de los comederos artificiales. También son capaces de abrir las cajas nido para comer los huevos o los pollitos.

Especies semejantes

4 El pico mediano y el pico menor son parecidos pero mucho más escasos, habitan solamente en zonas muy puntuales del norte. El pico menor es mucho más pequeño, poco más grande que un gorrión. El macho también tiene todo el cogote de color rojo; la hembra, en cambio, tiene una mancha de color amarillo sucio.

Torcecuello
Jynx torquilla

¿Cómo es?

1 Técnicamente, el torcecuello es de la misma familia de los picos, aunque a primera vista no se les parece en nada. Pero tiene la misma lengua larga y pegajosa y los dedos de los pies como todos los parientes: dos mirando hacia delante y los otros dos mirando hacia atrás, una posición idónea para trepar por los troncos. Es un pájaro pequeño, menor que un estornino, que tiene el color de la hojarasca y una gran capacidad para pasar desapercibido.

¿Cómo vive?

2 El torcecuello no está tan ligado al bosque como los otros picos. Más bien le gustan los bosquecillos intercalados con campos de cultivo, bosques ribereños e incluso jardines y parques urbanos. Cría en agujeros naturales, ya que no tiene la capacidad de trabajar la madera que tienen los picos convencionales, así que se debe conformar con los agujeros que ya encuentra hechos, y a veces también acepta criar en cajas nido. Otra diferencia con el resto de la familia es que el torcecuello es el único que migra de este grupo. Pasa el invierno en África, y sólo vuelve a España cuando ha pasado el frío y es más fácil encontrar insectos.

Curiosidades

3 El nombre del torcecuello proviene de una costumbre particular de esta ave. Cuando se siente amenazado, bien sea mientras está incubando en el nido o cuando un anillador lo tiene en mano, el torcecuello mueve el cuello como una serpiente mientras levanta las plumas de la cabeza. Este comportamiento, que parece amenazador, tiene la función de distraer a su posible enemigo. De esta manera, muchas veces el torcecuello puede huir rápidamente mientras el depredador aún está pensando si realmente se trata de un elemento peligroso.

Vencejo común
Apus apus

¿Cómo es?

1 En vuelo parece una gran golondrina negra con alas estrechas y alargadas, y cola muy corta. En mano, la fisonomía y las garras potentes recuerdan a una pequeña rapaz.

¿Cómo vive?

2 Son aves migratorias, que llegan en primavera y regresan a sus cuarteles de invernada en el África subsahariana a finales de verano. La mayor parte crían en paredes de edificios que han substituido por los acantilados rocosos originales donde todavía viven algunos ejemplares. Son voladores especializados que sólo se posan para criar. Construyen su nido utilizando plumas, hilos y otro material ligero que recogen en pleno vuelo, y que enganchan con saliva hasta construir una cazoleta rígida bajo las tejas o en agujeros de las paredes. Los pequeños son alimentados por los adultos hasta que son capaces volar perfectamente, momento en que abandonan el nido. Los vencejos capturan insectos, beben agua de las charcas, copulan y descansan volando, de manera que una vez han dejado el nido los jóvenes no tienen ninguna necesidad de posarse hasta la primavera siguiente, cuando les tocará reproducirse por primera vez y buscarán un agujero para construir el nido.

Curiosidades

3 Las adaptaciones extremas también tienen inconvenientes: las patas diminutas de los vencejos les permiten agarrarse a las paredes, pero apenas pueden sostener su cuerpo. Si un ave cae al suelo, las alas tan largas y las patas demasiado cortas le impiden volver a alzar el vuelo.

Especies semejantes

4 El vencejo real es un pariente próximo mayor pero de color marrón claro y con vientre y cuello blancos.

Vencejo real
Apus melba

¿Cómo es?

1   De forma muy parecida a un vencejo común, pero mucho más grande y fuerte, el vencejo real es de color marrón claro con el vientre y la papada blancos, muy visibles en vuelo.

¿Cómo vive?

2   Tiene costumbres muy parecidas a los vencejos comunes, pero no es tan urbano, ya que vive sobre todo alrededor de los acantilados aunque también algunos han empezado a anidar en los edificios más altos de las ciudades. Los vencejos reales pueden criar en solitario, pero sobre todo cuando crían en acantilados tienen tendencia a situar los nidos cerca unos de otros hasta formar colonias que llegan a juntar muchas parejas. Al igual que los vencejos comunes, comen, beben y recogen material para la construcción del nido siempre en pleno vuelo y si por accidente caen al suelo, no pueden volver a despegar.

Curiosidades

3   Años atrás, en algunos países cazaban los vencejos reales y los vencejos comunes con una caña de pescar desde los acantilados, haciendo volar un cebo para atraer su atención en pleno vuelo, una práctica hoy día afortunadamente prohibida, ya que todos los pájaros insectívoros están estrictamente protegidos por la legislación actual.

Especies semejantes

4   El vencejo pálido, más escaso, tiene color terroso y la papada blanca como el vencejo real, pero en cambio su vientre no es blanco, sino marrón, y su tamaño es mucho menor, parecido a un vencejo común.

Avión común
Delichon urbica

¿Cómo es?

1 Fácil de reconocer porque tiene el obispillo, el pecho y la papada de color blanco, en contraste con el resto del cuerpo que es negro azabache. En comparación con la golondrina vulgar, el avión común es más rechoncho y con la cola más corta.

¿Cómo vive?

2 Es un ave migratoria que llega en marzo y desaparece en octubre. Originalmente criaban en los acantilados, pero con el tiempo cambiaron las paredes naturales de piedra por las paredes de las casas. De todas maneras, hoy en día aún podemos encontrar algunas parejas en algunos acantilados, aunque la mayor parte de la población se ha apuntado a la nueva tendencia. Son pájaros insectívoros y muy coloniales, y juntan sus nidos de barro apiñados los unos contra los otros debajo de los aleros de los tejados de las casas. Curiosamente, les gustan los ambientes urbanos y rehuyen el entorno de campo, que es ocupado sobre todo por la golondrina vulgar. Como todas las golondrinas, se alimentan de insectos que cazan al vuelo.

Curiosidades

3 Desgraciadamente aún hay gente molesta por la presencia de los aviones y las golondrinas, que ensucian la calle con los excrementos, y todavía algunos nidos son destrozados cada año por esta simple razón.

Especies semejantes

4 Los aviones roqueros, de forma y costumbres semejantes pero de color marrón, viven en zonas de montaña y también pueden criar en los aleros. Las aviones zapadores, también marrones pero con el pecho y la papada blancos, anidan en grandes colonias en agujeros en la tierra como los abejarucos, normalmente cerca del agua.

Golondrina vulgar
Hirundo rustica

¿Cómo es?

1   Ave esbelta, con la papada de color rojo oscuro y la cola larga, con las plumas laterales mucho más largas que las centrales.

¿Cómo vive?

2   Son aves migradoras e insectívoras que pasan el invierno en África tropical y vuelven cada primavera al mismo nido del año anterior. Rehuyen las ciudades, y prefieren criar en cobertizos, granjas y casas de campo. Para construir el nido recogen bolitas de barro con la boca, que después enganchan una por una en la pared, muy cerca del techo, aprovechando para empezar cualquier irregularidad, como un saliente de una viga o un simple clavo, hasta que consiguen una cazoleta que forran por dentro con plumas y pelos. A finales de verano es fácil ver cientos de golondrinas concentradas en tendidos eléctricos: son las típicas reuniones populares antes de empezar el largo viaje de la migración de retorno a tierras africanas.

Curiosidades

3   Una antigua leyenda explica que las golondrinas tienen el pecho rojizo porque se ensuciaron cuando intentaban desclavar los clavos de los pies y manos de Jesús crucificado. También antes creían que estos pájaros pasaban el invierno enterrados en el agua o escondidos en una rendija.

Especies semejantes

4   La golondrina dáurica, mucho más escasa, es semejante pero con el obispillo y el pecho de color ocráceo, sin el color rojo de la garganta. Construye un nido muy espectacular con un tubo de entrada adosado que protege la construcción.

Lavandera blanca
Motacilla alba

¿Cómo es?

1   Es muy fácil de reconocer por el diseño de colores blancos y negros muy contrastados y sus andares nerviosos, moviendo continuamente su larga y vistosa cola.

¿Cómo vive?

2   Es un ave insectívora que encontraremos a menudo apeonando cerca de zonas habitadas, especialmente si hay ganado suelto. También trotan por cultivos y jardines, y cerca del agua, y a menudo se adentran en los pueblos. Suelen criar cerca de lugares con agua, bien sea una balsa o la piscina de una torre señorial. El nido es una pequeña taza de hierbas y plumas muy bien acabada situada normalmente dentro de agujeros naturales o artificiales. Pueden criar dos o tres veces al año.

Curiosidades

3   Presente como nidificante en casi toda la península Ibérica, siendo más abundante en la mitad norte. Falta en Baleares, donde es substituida por la lavandera boyera, y también en Canarias, donde en cambio se encuentra la lavandera cascadeña. Es sedentaria en España, aunque se puede desplazar un poco en invierno, cuando parece más frecuente debido a la llegada de visitantes del norte.

Especies semejantes

4   Tenemos un par de especies más de lavanderas: la lavandera boyera y la lavandera cascadeña, que suelen vivir en ríos y estanques, más lejos de las zonas habitadas. Ambas tienen forma y costumbres semejantes a la lavandera blanca, pero tienen el pecho amarillo y la espalda oscura (gris en la cascadeña y verdosa en la boyera).

Cogujada montesina
Galerida theklae

¿Cómo es?

1   Pequeña ave de tamaño intermedio entre un estornino y un pinzón, de color terroso salpicado de manchas más oscuras, con una cresta de plumas muy visible en la cabeza.

¿Cómo vive?

2   Es un ave terrestre que vive en zonas abiertas, campos y prados. Construye el nido en el suelo, tan integrado en el paisaje que es difícil encontrarlo, incluso con la cogujada incubando. Los huevos son pequeños y moteados, y la incubación dura un par de semanas. Los pequeños nacen muy desvalidos, pero crecen deprisa y con tres semanas ya pueden volar. Esta rapidez en la incubación y en el crecimiento compensa el peligro que representa criar directamente en el suelo, al alcance de muchos depredadores. Las cogujadas se alimentan de insectos y semillas, en función de lo que más abunda en cada estación. En zonas muy humanizadas recogen incluso las migajas de pan.

Curiosidades

3   Las cogujadas tienen la uña del dedo posterior muy larga. Esta adaptación permite agrandar la superficie en contacto con el suelo, y es propia de toda una familia de pájaros de colores terrosos y costumbres terrestres, los aláudidos, que incluye, además de las cogujadas, las alondras, las calandrias, las terreras y las totovías, entre otras.

Especies semejantes

4   La cogujada montesina es prácticamente idéntica a la cogujada común pero un poco más oscura. Diferenciarlas es cuestión de expertos. Otros parientes semejantes, como las alondras y las totovías, no tienen una cresta tan vistosa.

Petirrojo
Erithacus rubecula

¿Cómo es?

1   Inconfundible, seguramente es una de las aves más conocidas. Cuerpo redondeado y mancha roja muy grande y visible en el pecho. Los jóvenes son marrones pero se reconocen por la forma y por los ojos grandes en relación con el cuerpo.

¿Cómo vive?

2   El petirrojo es seguramente una de las aves más populares, un título que se ha ganado a pulso con su carácter amable y gentil, y con sus costumbres insectívoras que no afectan a ningún negocio de los humanos, ni a la caza ni a los cultivos. El petirrojo es la única ave ibérica que podemos ver realmente de cerca, sobre todo en invierno cuando tiene hambre y se acercan disimuladamente a los pies de los paseantes para comiscar las migajas de los bocadillos. Los petirrojos viven sobre todo en bosques húmedos y también en jardines y parques urbanos. Para criar construyen una cazoleta de musgo y ramitas que instalan directamente en el suelo, debajo un matorral o una piedra o en un pequeño terraplén. Se alimentan sobre todo de insectos, pero en invierno son más omnívoros y comen casi de todo; hasta el punto que son unos visitantes habituales de los comederos artificiales: les encantan las migajas de pan.

Curiosidades

3   Los petirrojos son aves muy territoriales que no dudan en atacar con toda su fuerza a cualquier congénere que ose entrar dentro de un territorio ya ocupado. Este interés les puede llevar incluso a atacar cualquier elemento de color rojo que pueda tener un mínimo parecido a un petirrojo. En cambio, cuando se trata de las relaciones con el hombre son confiados hasta llegar a coger la comida de la mano.

Tarabilla común
Saxicola torquata

¿Cómo es?

1

Del tamaño de un petirrojo, o un poquito más pequeño, el macho de tarabilla común es fácil de reconocer por la cabeza negra con los laterales del cuello blanco, la espalda oscura y el pecho rojizo. La hembra es mucho más discreta, con una dominante de tonos terrosos.

¿Cómo vive?

2

La encontraremos casi por todo el país, donde ocupa cultivos, prados y zonas abiertas, sobre todo en las solanas. Le gusta pararse en las puntas más altas de los arbustos, donde en la época de cría el macho pasa horas cantando para defender su territorio. No muy lejos, la hembra se encarga de la incubación en un nido muy disimulado construido directamente en el suelo o a muy poca altura. Cuando nacen los pequeños, ambos adultos se encargan de alimentar a los pollitos. Las tarabillas son aves insectívoras, les gustan especialmente los insectos blandos y las arañas. Son las primeras aves que colonizan los bosques quemados en recuperación, entonces utilizan las ramas quemadas como percha. Cuando el sotobosque empieza a ser demasiado espeso, las tarabillas vuelven a desaparecer.

Curiosidades

3

En catalán son conocidos vulgarmente con el sobrenombre de *cagamànecs* o *cagafangues*, en referencia a la costumbre de posarse en lugares elevados, que les lleva muchas veces a posarse encima las herramientas de los campesinos para reposar.

Especies semejantes

4

La tarabilla norteña, que habita en el norte de España, tiene costumbres semejantes. El macho también tiene la cabeza oscura, pero se distingue muy fácilmente por una banda blanca encima del ojo en forma de ceja.

Carricero común
Acrocephalus scirpaceus

¿Cómo es?

1

Ave pequeña, un poco más grande que un jilguero, de colores discretos, marrón oscuro en la espalda y la cabeza y más claros hacia el vientre y el pecho.

¿Cómo vive?

2

Se trata de un ave migratoria que aparece en primavera y se vuelve a marchar en otoño. Vive ligada estrechamente a los carrizales y, por lo tanto, lo debemos buscar en zonas húmedas, ciénagas, colas de pantano, bordes de lagos y otros espacios con carrizo. Se alimenta de todo tipo de invertebrados que localiza entre la vegetación, donde se mueve con mucha habilidad. A menudo nos será mucho más fácil localizarlo por su canto que por una observación directa.

Curiosidades

3

Los carriceros construyen su nido atando tres o cuatro hebras de cañizo con fibras vegetales y telarañas de manera que el nido queda situado a un metro o más del suelo, muy protegido de los depredadores, pero sometido a la fuerza del viento que a veces lo zarandea duramente. Pero el nido tiene bastante profundidad para que no se caigan los huevos y además los pollitos saben agarrarse instintivamente a los tejidos del fondo.

Especies semejantes

4

El carricero común no es un ave fácil para un principiante. Es fácil diferenciarlo del carricero tordal, que también vive en el cañizo y tiene un color muy semejante pero es claramente mayor, del tamaño de un alcaudón. Pero hay otras especies muy parecidas, como el escaso carricero políglota, y un inexperto lo puede confundir también fácilmente con una buscarla unicolor, un ruiseñor bastardo e incluso un ruiseñor común. Muchas veces el canto es básico para la identificación.

Colirrojo tizón
Phoenicurus ochruros

¿Cómo es?

1 Un ave pequeña, del tamaño de un petirrojo pero más esbelta, con el cuerpo muy oscuro, y una cola roja que mueve nerviosamente. Los machos son mucho más oscuros que las hembras, con una mancha blancuzca en las alas. Los jóvenes se parecen a las hembras.

¿Cómo vive?

2 El colirrojo tizón es un ave insectívora de costumbres muy terrestres. Le gustan especialmente las zonas rocosas y los paisajes de montaña, a menudo más arriba del límite de los árboles, aunque, con menos densidad, también vive en acantilados y escarpados rocosos de las zonas bajas, incluso cerca del mar. Cría en agujeros entre las rocas, a veces también en paredes de masías, debajo las tejas o en cajas nido abiertas en su parte delantera. En invierno la población aumenta debido a la llegada de pájaros procedentes de Europa.

Curiosidades

3 En invierno los colirrojos que viven en la montaña dejan sus zonas de cría habituales y aparecen a menudo cerca de pueblos y ciudades. No les interesan especialmente los comederos artificiales, pero hay un secreto para atraerles: les encantan los gusanos de harina.

Especies semejantes

4 El colirrojo real, mucho más escaso, es un pariente muy próximo que también tiene la cola roja, pero su cuerpo no es tan oscuro. El macho de colirrojo real es un ave vistosa, con el pecho rojizo, la papada negra y la espalda color de plomo. Las hembras de ambas especies, en cambio, son muy parecidas, aunque las de colirrojo tizón son mucho más oscuras.

Carbonero común
Parus major

¿Cómo es?

1 El carbonero común es el más grande de nuestros páridos y aun así es un pájaro diminuto, que apenas llega al tamaño de un gorrión. Lo reconoceremos por las mejillas blancas en contraste con la cabeza negra y, sobre todo, por el pecho amarillo decorado con una vistosa línea negra longitudinal.

¿Cómo vive?

2 Todos los páridos son pájaros insectívoros muy vocingleros que se mueven nerviosamente saltando y volando entre las ramas. En primavera y en verano se alimentan de insectos y gusanos de todo tipo. Pero son muy sedentarios y en invierno, cuando los insectos escasean, amplían su dieta insectívora a todo tipo de comida. Los encontraremos tanto en bosques como setos, jardines y huertos, especialmente en invierno, cuando la búsqueda de comida les lleva más cerca de las zonas habitadas.

Curiosidades

3 Es uno de los páridos más abundantes y también una de los más confiados. Por esta razón es siempre una de las primeras aves que encuentra los comederos artificiales y, cuando lo hace, no se aparta de ellos fácilmente. Le gusta todo, desde las pipas de girasol hasta la grasa animal. Para comerse las semillas de maíz, las sujeta fuertemente con las dos patas mientras con el pico pica la parte blanca más blanda de la semilla.

Especies semejantes

4 El carbonero palustre, el carbonero garrapinos y el herrerillo capuchino tienen tonos marrones y no tienen nada de color amarillo; además, el herrerillo capuchino tiene una pequeña cresta de plumas encima de la cabeza.

Herrerillo común
Parus caeruleus

¿Cómo es?

1   El herrerillo común es un ave nerviosa y diminuta, inconfundible por su combinación de colores, entre los cuales predominan el azul y el amarillo.

¿Cómo vive?

2   El herrerillo común es frecuente en todo tipo de bosques, aunque escasea en los pinares. En invierno su dieta insectívora se amplía y se acerca a los huertos y jardines, donde los podremos observar fácilmente si les ofrecemos un poco de comida. Si enhebramos algunos cacahuetes en un alambre y los colgamos cerca de un comedero artificial, podremos comprobar la habilidad del herrerillo para abrir su cáscara y extraer las semillas. Si colgamos del tallo la flor seca de un girasol, veremos cómo son capaces de sostenerse boca abajo para extraer las semillas. Crían en agujeros naturales o en cajas nido y en muy pocos días construyen un nido de musgo en forma de cazoleta forrado de pelo y plumas, donde ponen hasta una docena de huevos blancuzcos con manchas rojizas, poco mayores que un guisante.

Curiosidades

3   El herrerillo es muy charlatán, y si nos acercamos a su nido no parará de rechistar para que nos apartemos.

Especies semejantes

4   Hay otras especies de páridos de tamaño y costumbres parecidos, como el herrerillo capuchino y el carbonero garrapinos, pero ninguno de éstos tiene tonos azules en su plumaje.

Mito
Aegithalos caudatus

¿Cómo es?

1 Es un ave pequeña que se mueve nerviosamente; parece una pequeña bola de plumas blancas, negras y rosadas de donde sobresale una cola claramente más larga que el cuerpo.

¿Cómo vive?

2 Son aves insectívoras y sedentarias, presentes en todo el país, aunque no muy abundantes. Las encontraremos donde haya árboles, especialmente en invierno, cuando es más fácil localizarlas, ya que acostumbran a desplazarse en pequeños grupos que se adentran incluso en los parques urbanos de pueblos y ciudades. Entonces son muy confiadas y se dejan observar muy de cerca, pero no se acercan a los comederos artificiales porque incluso en pleno invierno son fieles a su dieta insectívora. En primavera, los grupos se deshacen y viven en parejas, aunque no es raro ver tres adultos alimentando a los pollitos de un mismo nido.

Curiosidades

3 El nido del mito es una pieza única: tiene la forma de un pequeño globo con un agujero lateral en la parte superior, y está hecho de líquenes y musgo atados con pelos, telarañas y seda que sacan a veces de las bolsas de la procesionaria. El conjunto está forrado por dentro con plumas pequeñas y, a veces, durante la incubación, se ve salir desde fuera la punta de la cola del adulto. Todo el conjunto se aguanta literalmente atado entre las ramas y las hojas de un pequeño arbusto, muchas veces un enebro. Más raramente lo pueden situar en una horquilla de una rama o a más de dos metros de altura. Aunque construir el nido puede llevar más de quince días de trabajo, el mito nidifica muy pronto; muchas veces, en marzo ya aparecen nidos construidos.

Pájaro moscón
Remiz pendulinus

¿Cómo es?

1 Avecilla confiada de pequeño tamaño, de color blanco sucio, con la espalda más oscura, pero fácilmente reconocible por una mancha negra muy grande en cada mejilla.

¿Cómo vive?

2 El pájaro moscón es un pájaro friolero que encontraremos a poca altura sobre el nivel del mar. Le gustan los cursos medios y bajos de los ríos, aunque a veces puede aparecer también muy lejos del agua. Es un ave arborícola que se alimenta de invertebrados que captura haciendo malabarismos entre las ramas. Baja al suelo muy raramente. En España se localiza sobre todo en el valle del Ebro, Castilla y León y la Comunidad de Madrid.

Curiosidades

3 El nido del pájaro moscón es el más elaborado de toda la fauna europea. Lo sitúan colgado en la punta de una rama de un chopo, un sauce u otro árbol de ribera, normalmente a poca altura, entre uno y cuatro metros, aunque a veces lo pueden construir muy arriba, hasta diez metros de altura. El nido es un globo blancuzco construido con la pelusa de los chopos con una entrada adosada en la parte superior que consiste en un tubo del mismo material que se funde con el conjunto. Los pájaros moscones cogen el tejido vegetal, lo entran por un lado y lo estiran por el otro con una habilidad extraordinaria, poniendo, si es preciso, el cuerpo en cualquier posición para poder trabajar en condiciones. Bien acertado, pues, el nombre de pájaro moscón.

Especies semejantes

4 Inconfundible si le vemos de cerca, pero hay que ir con cuidado con los jóvenes, que no tienen la típica mancha oscura de la cara.

Mirlo común
Turdus merula

¿Cómo es?

1
Ave del tamaño de una tórtola pequeña. El macho tiene todo el cuerpo negro, excepto el pico que es amarillo brillante. La hembra es de color pardo oscuro, con el pico también oscuro.

¿Cómo vive?

2
Los mirlos son pájaros sedentarios que encontraremos donde haya sotobosque o matorrales espesos donde buscar comida y construir el nido. Si se cumplen estas condiciones, los mirlos ocupan bosques y setos, orillas de riachuelos, jardines de ciudades y cercanías de huertos. Se alimentan de invertebrados que capturan removiendo la hojarasca del sotobosque. Los gusanos terrestres les gustan especialmente, pero también comen otros invertebrados y frutas. En invierno, no dudan en acercarse a los comederos artificiales para aves, y parece que la manzana les gusta especialmente. Anidan en lugares muy inverosímiles, a veces en una horquilla de un árbol o quizás en medio de utensilios abandonados del campesino o directamente en el suelo. El nido es una cazoleta típica hecha de hierbas y hojarasca y contiene normalmente cuatro o cinco huevos. El canto de los machos de mirlo, muy fácil de identificar, es uno de los más agradables de entre las aves que viven en las zonas urbanas.

Curiosidades

3
De vez en cuando, es posible ver mirlos con unas cuantas plumas blancas, o incluso ejemplares blancos completamente, algo que puede llegar a sorprender, sobre todo si se trata de machos. Este fenómeno es el síntoma externo de una enfermedad que deja a los animales, y también a las personas, sin ninguna clase de pigmentación, y que es conocida como albinismo. En los mirlos esta enfermedad hereditaria es relativamente más frecuente que en otras especies.

Mirlo acuático
Cinclus cinclus

¿Cómo es?

1

Del tamaño del estornino, con la cola corta y una mancha blanca muy grande y visible en el pecho. El cuerpo es de color pardo oscuro.

¿Cómo vive?

2

Los mirlos acuáticos hacen honor a su nombre, y viven siempre al lado del curso alto de ríos y riachuelos pedregosos, especialmente los que llevan aguas nerviosas y limpias y están situadas en cordilleras de la mitad norte peninsular. Son pájaros tan especializados que dependen totalmente de este ambiente. Se alimentan de invertebrados acuáticos que capturan chapuzándose activamente dentro del agua, una actividad curiosa para un pájaro que no tiene el cuerpo especialmente hidrodinámico ni tampoco ninguna otra adaptación especial como las patas palmeadas de los patos y los cormoranes. Tienen, eso sí, un plumaje especialmente denso y la capacidad para ver perfectamente dentro y fuera del agua. Así que los mirlos acuáticos ponen más voluntad que medios. Sus inmersiones, de poca duración pero muy frecuentes, les sirven para capturar insectos del fondo como los tricópteros, que les gustan especialmente.

Curiosidades

3

Los nidos de los mirlos acuáticos son una bola de musgo y hojas escondidas a menudo bajo una pequeña cascada, en unas raíces o en una grieta entre las piedras en las mismas paredes de los saltos de agua de los riachuelos y a veces incluso detrás de la cortina de agua. De esta manera, el nido debe soportar una humedad constante y además los padres deben atravesar el agua para entrar y salir del nido. Por supuesto que el primer vuelo de los pollos es, en tal caso, obligadamente remojado.

Roquero rojo
Monticola saxatilis

¿Cómo es?

1   Un poco más pequeño que un mirlo común, con la cola más corta. En la época de celo, el macho del roquero rojo es uno de los pájaros más vistosos del país, con su cabeza de color gris azulado, pecho y cola color óxido y alas oscuras. Las hembras y los jóvenes tienen el color de las piedras donde viven: con grises y marrones visten todo el cuerpo.

¿Cómo vive?

2   Es un pájaro típico de zonas pedregosas y abiertas, con poca cobertura vegetal, no importa si estos ambientes están cerca del mar o en las montañas más altas. Como las golondrinas, los roqueros son pájaros estivales, que vuelven puntualmente cada primavera para criar en el mismo territorio. Normalmente llega primero el macho y se instala en el terreno hasta que llega su pareja. Construyen un nido típico en forma de cazoleta que muchas veces esconden entre bloques de piedra, y ambos padres se encargan de buscar la comida para saciar a los jóvenes que esperan en el nido, básicamente gusanos, insectos, arañas y otros bichos pequeños. En general, el roquero rojo es un pájaro desconfiado y tímido y, por lo tanto, difícil de observar. Más abundante en la mitad norte peninsular. También nidifica en Baleares.

Curiosidades

3   La preferencia de los roqueros rojos por las zonas abiertas y pedregosas les permite colonizar zonas que están recuperándose de antiguos incendios, siempre y cuando el suelo sea suficientemente pedregoso. La ocupación, sin embargo, es transitoria. Cuando el bosque se recupera y las piedras quedan escondidas bajo árboles y matorrales, los roqueros rojos se retiran otra vez.

Oropéndola
Oriolus oriolus

¿Cómo es?

1 Tamaño de un mirlo. El macho es inconfundible por su color amarillo brillante con las alas negras. La hembra tiene un tono amarillo verdoso más apagado, con el pecho moteado.

¿Cómo vive?

2 Las oropéndolas son las únicas representantes en Europa de toda una familia de aves tropicales. Pasan el invierno en África y llegan a España en abril o en mayo. Viven en la espesura del bosque, normalmente en alamedas o robledales. Su nido es muy elaborado, una cestita de fibras vegetales entrelazadas, que cuelga justo en la bifurcación de una horquilla situada en el extremo de una rama, muchas veces a una altura considerable. Ponen tres o cuatro huevos moteados que incuban durante unos quince días. Los pollitos nacen con los ojos cerrados, muy desvalidos, y se agarran instintivamente al tejido del fondo del nido, para protegerse de los movimientos causados por el viento. Ambos consortes alimentan a los pollos con cantidad de insectos, así que el crecimiento es muy rápido. Una vez adultos, también comen mucha fruta; les gustan especialmente los higos y las cerezas. A finales de verano, padres e hijos desaparecen otra vez para pasar el invierno en tierras africanas.

Curiosidades

3 El canto de la oropéndola tiene unas estrofas aflautadas, muy agradables, que intercalan con una alberca de chillidos que parecen provenir de otra ave, un conjunto inconfundible que nos permitirá muchas veces identificar la oropéndola mucho antes que verla entre las ramas de los árboles.

Zorzal charlo
Turdus viscivorus

¿Cómo es?

1 Otra ave del tamaño del mirlo, pero con la espalda del color de la hojarasca y el pecho blancuzco, salpicado de manchas oscuras.

¿Cómo vive?

2 Habitan bosques abiertos, donde crían construyendo una típica cazoleta enclavada en una horquilla de un árbol, a menudo a poca altura, en un lugar descubierto y fácil de localizar. Ambos padres alimentan a los pollos con gusanos, mariposas y todo tipo de invertebrados que encuentran removiendo la hojarasca del bosque. Los jóvenes parecen tener prisa en abandonar el nido, y los adultos continúan alimentándolos en el sotobosque hasta que pueden espabilarse por sí solos.

Curiosidades

3 Los zorzales son aves que nidifican muy pronto, a menudo empiezan a construir su nido cuando los árboles caducifolios apenas empiezan a brotar.

Especies semejantes

4 El zorzal común es parecido al zorzal charlo, también tiene la espalda de color pardo y el pecho moteado, pero es un poco más pequeño. En vuelo, se puede distinguir por las plumas de la parte inferior de las alas de un tenue color anaranjado, mientras que los zorzales charlos las tienen blancas. Los zorzales comunes son especialistas en comer caracoles. Para abrirlos, los cogen con el pico y los golpean contra una piedra hasta romper su caparazón. Si el sistema funciona, los zorzales comunes se acuerdan del lugar y cuando encuentran más caracoles vuelven a la misma piedra para utilizarla de yunque. Con el tiempo, la piedra utilizada queda totalmente rodeada de trozos de caparazón.

Estornino pinto
Sturnus vulgaris

¿Cómo es?

1 El estornino es un pájaro de tamaño medio, más pequeño que una tórtola, de color oscuro pero muy salpicado de manchas claras, con patas y pico más claros.

¿Cómo vive?

2 Son aves muy adaptables. Hace sólo unos cuantos años, eran unos típicos visitantes del invierno, como tantas otras aves que llegan con el frío procedentes de países del norte. Pero en cuestión de poco tiempo se ha convertido en un ave abundante en pueblos y en ciudades del noroeste de España. A veces, los estorninos echan a los gorriones y las abubillas de los agujeros de cría, para aprovechar los mejores sitios. Les gustan los espacios debajo de las tejas, pero también aprovechan agujeros de casas y árboles, y comen casi de todo, desde invertebrados hasta aceitunas o cerezas, por lo que no tienen muy buena fama entre las gentes del campo. Los estorninos producen sonidos muy variados; de repente silban como una persona o imitan el maullido de un gato.

Curiosidades

3 Los estorninos son presentes todo el año pero son más visibles en invierno, cuando se vuelven muy gregarios y se agrupan en grupos de centenares e incluso de miles de individuos. Tienen la costumbre de dormir todos juntos en grandes árboles, muy a menudo en medio de las ciudades, donde provocan molestias por la gran cantidad de excrementos que dejan a su paso.

Especies semejantes

4 El estornino negro cría en toda la Península y es muy parecido, pero no tiene manchitas blancas y es de un color negro uniforme.

Alcaudón real
Lanius meridionalis

¿Cómo es?

1   Ave fuerte poco menor que un mirlo, de cuerpo color gris claro y cabeza grande, con una franja negra en los ojos. En vuelo las alas tienen un diseño blanco y negro que recuerda a una pequeña urraca.

¿Cómo vive?

2   Los alcaudones reales se comportan como una pequeña ave rapaz, ya que capturan con mucha habilidad grandes insectos, ratones y lagartijas. Para devorarlos, acostumbran a clavar las presas en la punta de una rama o en los espinos de un cercado, y así sujetas las descuartizan tirando de ellas con el pico. Los restos suelen quedar allí ensartados, de manera que el sitio puede convertirse en una auténtica despensa de comida. Los alcaudones construyen nidos típicos en forma de cazoleta, a menudo a poca altura. Son aves presentes en casi toda España, siempre en ambientes abiertos, páramos, cultivos de cereales o lindes de bosque. Evitan las alturas y los bosques muy espesos, aunque necesitan árboles o arbustos donde posarse para prospectar su territorio en busca de presas.

Curiosidades

3   Los alcaudones reales tienen mala fama entre los pajareros, ya que a veces llegan a atacar los reclamos durante las sesiones de caza.

Especies semejantes

4   La familia de los alcaudones tiene algunos parientes parecidos. El alcaudón común es un poco más pequeño, con la cabeza marrón y el pecho claro. También lo es el alcaudón dorsirrojo, que vive en zonas de montaña, y que tiene una banda negra en el ojo como el alcaudón real, pero con la cabeza gris y la espalda marrón. El alcaudón chico, muy parecido al real pero de menor tamaño, es una especie muy escasa que cría localmente en el nordeste peninsular.

Alcaudón común
Lanius senator

¿Cómo es?

1

El alcaudón común tiene la forma y las costumbres del alcaudón real, pero es claramente más pequeño, con la cabeza marrón, el pecho claro y dos bandas blancas en las alas muy visibles en vuelo.

¿Cómo vive?

2

Es un pariente muy próximo del alcaudón real y, por lo tanto, sus costumbres son semejantes. Caza sobre todo insectos, especialmente saltamontes. Para ello se posa en posaderos fijos desde donde controla su territorio, bien sea la punta de un espino o una rama seca de un árbol quemado. Tal como hacen los alcaudones reales, los comunes también deben clavar sus presas en los espinos, ya que sus patas no tienen las uñas ni la fuerza de las rapaces y no les sirven para sujetar la presa mientras se la van comiendo. Además, las espinas también sirven de despensa en caso de abundancia de alimento. El alcaudón común, sin embargo, prefiere los sotos, los bordes del bosque y los setos entre campos de cultivo, ya que es un pájaro típico de los bosques mediterráneos y nunca lo encontraremos en los yermos y secanos donde viven normalmente los alcaudones reales ni en los bosques fríos y húmedos de los Pirineos y la Cordillera Cantábrica, que son ocupados por otro pariente próximo, el alcaudón dorsirrojo.

Curiosidades

3

Los alcaudones comunes, como los reales, tienen la cabeza grande en relación con el cuerpo; son conocidos popularmente como *cabezudos*.

Especies semejantes

4

El alcaudón dorsirrojo es del mismo tamaño pero con la cabeza gris y la espalda marrón. El alcaudón real y el chico, que también forman parte de la misma familia de los lánidos, son de color ceniza con una banda negra en la cara.

Mosquitero común
Phylloscopus collybita

¿Cómo es?

1   Los mosquiteros son insectívoros diminutos, de pico delgado y color verdoso, que se mueven nerviosamente por las ramas de árboles y matorrales.

¿Cómo vive?

2   Los mosquiteros comunes son aves típicas de la España húmeda, así que habitan sobre todo el tercio norte peninsular, aunque ocupan también las Canarias más occidentales. Les gustan las hondonadas, las orillas de torrentes y los bosques húmedos en general, y evitan, por lo tanto, las solanas y los secanos. Todos los mosquiteros son aves insectívoras que se alimentan de invertebrados pequeños que a menudo cazan al vuelo con mucha habilidad. Anidan directamente al suelo, en un nido pequeño construido con hierbas que se confunde muy bien con el entorno. Después de apenas dos semanas de incubación nacen ya los polluelos, que crecen tan rápidamente que al cabo de quince días de haber nacido ya son capaces de abandonar el nido. El crecimiento tan rápido, favorecido por la gran cantidad de aportes de alimento que realizan los padres, les sirve para acortar al máximo la duración de la estancia en el nido, sin duda la etapa más peligrosa de la vida de todas las aves, ya que los polluelos se encuentran en esta fase totalmente indefensos ante los depredadores.

Curiosidades

3   Cada otoño llegan mosquiteros invernantes que han recorrido a veces miles de kilómetros de trayecto. Toda una proeza para un ave que pesa entre siete y nueve gramos.

Especies semejantes

4   Hay otras especies de mosquiteros muy parecidas, y los estudios más recientes dividen el mosquitero común en tres nuevas especies casi idénticas.

Ruiseñor
Luscinia megarynchos

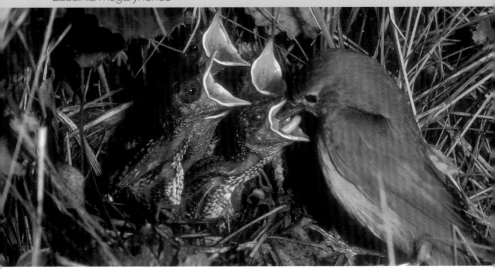

¿Cómo es?

1

El ruiseñor tiene una coloración poco contrastada, básicamente de color pardo, donde sólo resaltan la cola rojiza y los ojos negros como un granillo de mora. Tiene el tamaño de un gorrión, más o menos. Macho y hembra son parecidos.

¿Cómo vive?

2

Son aves migratorias que pasan el invierno en África y llegan aquí durante el buen tiempo para criar. Buscan los mismos matorrales donde vivían el año anterior, y los machos se dan prisa a explicar que son los propietarios del terreno con su potente canto, que se puede escuchar muy claramente durante la noche. Son aves insectívoras que se alimentan de invertebrados que recogen del suelo, en la hojarasca del bosque. Los ruiseñores viven en todas partes donde hay matorrales o sotobosque, bien sea en un jardín, en unos setos entre campos de cultivo o cerca de un arroyo.

Curiosidades

3

El canto del ruiseñor es considerado por ornitólogos y aficionados como uno de los más elaborados del mundo de las aves. Contrariamente a otras especies, se trata de un fenómeno cultural y no instintivo, de manera que los ruiseñores jóvenes tienen unos conocimientos innatos, pero acaban de perfilar el canto escuchando a los adultos que les rodean.

Especies semejantes

4

El ruiseñor bastardo y los carriceros son del mismo tamaño y también de color marrón, pero no tienen la cola color teja del ruiseñor. En la naturaleza, sin embargo, es fácil confundirse y la mejor manera de identificar estas aves es por su canto.

Curruca capirotada
Sylvia atricapilla

¿Cómo es?

1 Las currucas capirotadas son aves pequeñas, más pequeñas que un gorrión, reconocibles por el casquete de color que decora su cabeza. En el macho, el casquete es de color negro y la hembra, en cambio, lo tiene de color marrón. Su canto es mucho más atractivo que su coloración.

¿Cómo vive?

2 Son aves insectívoras que viven en bosques claros y márgenes entre campos; también se acercan a los jardines y a las masías y, en invierno, entran dentro de los pueblos. Construyen un nido en forma de cazoleta con hierbecillas secas y pelos, y lo sitúan en bojes, zarzas, enebros y otros arbustos, normalmente a poca altura. Suelen poner cuatro huevos pequeños que incuban tanto el macho como la hembra. Ambos consortes alimentan a los pollitos con insectos e invertebrados de todo tipo.

Curiosidades

3 Aunque son insectívoros, a las currucas también les gusta mucho la fruta y en invierno, cuando encontrar insectos es más complicado, se alimentan con las bayas de las hiedras y también comen las cerezas del madroño y otras frutas del bosque. En los comederos artificiales les podemos ofrecer una manzana madura partida por la mitad.

Especies semejantes

4 Hay muchas otras especies de currucas de tamaño parecido pero diseños diferentes. La curruca cabecinegra tiene toda la cabeza de color negro y un anillo rojo muy delgado alrededor del ojo. La curruca mirlona es semejante, pero con el anillo ocular de color blanco.

Chochín
Troglodytes troglodytes

¿Cómo es?

1 Una de las aves más pequeñas y avispadas del país, del tamaño de una nuez, con un pico diminuto y una cola corta y delgada que mantiene siempre en posición casi vertical. El chochín es fácilmente reconocible por sus movimientos nerviosos buscando comida, por lo que a menudo es mucho más visible que otras aves más grandes. Tiene el mismo color de la hojarasca del bosque, pero en mano nos daremos cuenta que todo el plumaje es una combinación de pequeñas franjas oscuras con otras más claras. Un diseño que encontraremos repetido en otras aves muy diferentes que también habitan en el sotobosque, como la chocha perdiz.

¿Cómo vive?

2 Es un ave que vive entre la vegetación y procura salir poco de su ambiente. La encontraremos en robledales, bosques ribereños, cerca de las fuentes, y a veces también cerca de las masías, donde busca agujeros en las paredes o debajo los márgenes para esconder su particular nido normalmente a poca altura. El nido es una bola alargada de musgo, colocada en posición vertical, que tiene la forma de un huevo y el tamaño de un puño, con un diminuto agujero de entrada en la parte delantera. Durante el mes de abril, los machos están muy ocupados, ya que normalmente deben construir más de un nido para convencer a una hembra con su obra, entonces la pareja se consolida y empieza la reproducción. La incubación corre a cargo de la hembra, pero después ambos padres alimentan a los pollos.

Curiosidades

3 Junto a los reyezuelos, los chochines son las aves más pequeñas de Europa. Pesan apenas diez gramos, y su cuerpo es tan pequeño que a veces traspasan incluso los agujeros de las redes de los anilladores.

Trepador azul
Sitta europaea

¿Cómo es?

1 Ave pequeña, del tamaño del gorrión, con la espalda de color gris ceniza, el pecho color crema y una estrecha banda negra justo encima de los ojos.

¿Cómo vive?

2 El trepador azul es un ave forestal que habita bosques bien conservados, aunque a veces se aventuran hasta los jardines de urbanizaciones cercanas. Comen insectos que buscan en la corteza, para ello se agarran a los troncos de los árboles y suben y bajan sin ayudarse de la cola. Los trepadores son los únicos pájaros que bajan los troncos bocabajo sin dificultad, a diferencia de picos y agateadores, que sólo saben moverse por los troncos en dirección hacia arriba. Anidan en agujeros naturales, normalmente en los árboles, pero también en paredes, naturales o artificiales. También reutilizan antiguos nidos de pájaros carpinteros. Si la cavidad escogida tiene la entrada demasiado grande, la reducen hasta el tamaño justo amasando barro en los bordes. A veces, si el agujero es muy grande, trabajan durante varios días hasta dejar el agujero a su gusto, es decir, con poco más de tres centímetros de diámetro. Así reducen las posibilidades de ataque de los depredadores. Dentro del agujero no construyen un nido convencional como los carboneros, sólo cubren el fondo con trocitos de corteza muy delgados.

Curiosidades

3 En invierno, los trepadores cambian su dieta insectívora por otra más amplia y es fácil atraerlos a las comederos artificiales ofreciéndoles grasa animal escondida en la corteza de los árboles. También les gustan especialmente las pipas de girasol.

Agateador común
Certhia brachydactyla

¿Cómo es?

1   Es un pájaro diminuto, mucho más pequeño que un gorrión, del mismo color que la corteza de los robles y un pico largo, fino y curvado, único en las aves de su tamaño.

¿Cómo vive?

2   Los agateadores viven en bosques de todo tipo, pero especialmente en bosques maduros con grandes árboles donde es más fácil encontrar comida y también agujeros para hacer el nido. También se deja ver en los jardines, sobre todo si hay árboles de gran tamaño. El agateador, igual que el trepador azul, es un ave que vive en los troncos de los árboles, y se alimenta de los insectos que encuentra en las grietas de la corteza. Sube por los troncos rápidamente, muchas veces dando vueltas alrededor del tronco en forma de espiral. Eso sí, no se mueve cabeza abajo, y cuando llega arriba baja volando hasta el árbol más próximo. Construye un pequeño nido con hierbecillas, forrado con plumas, y le gusta esconderlo en lugares estrechos, especialmente en el espacio que deja la corteza levantada de los árboles más viejos. También puede criar en grietas de edificios.

Curiosidades

3   Hay cajas nido especiales, de forma triangular, que se colocan bien sujetas al tronco de los árboles, con un pequeño agujero de entrada en la parte superior. Los agateadores las aceptan gustosamente.

Especies semejantes

4   El agateador norteño es tan parecido que diferenciar las dos especies es difícil incluso para los ornitólogos expertos. Habita en las cordilleras del norte de España.

Cuervo
Corvus corax

¿Cómo es?

1   Ave grande, del tamaño de un ratonero, con plumaje totalmente negro y voz gruesa, que le distingue de la corneja, muy semejante pero un poco más pequeña.

¿Cómo vive?

2   En espacios abiertos, normalmente en proximidades de acantilados donde instalan los nidos en pequeñas cuevas o grietas como las grandes rapaces. Los nidos son construcciones de troncos que se agrandan con el tiempo, ya que suelen criar en el mismo lugar durante muchos años, y cada temporada añaden material nuevo. Son aves omnívoras, que comen muchos insectos y frutas, pero tienen un aprecio especial por las carroñas, que localizan enseguida, hasta el punto que a veces son los primeros en llegar, antes que las urracas y los buitres. También en algunos lugares han llegado a depredar sobre corderos recién nacidos. Los cuervos viven en parejas que pueden durar años, y defienden activamente su territorio ante cualquier intruso. Es relativamente fácil observarlos ahuyentando aves rapaces a veces mucho mayores que ellos; se atreven incluso con las águilas reales.

Curiosidades

3   Los cuervos pueden vivir muchos años. Son inteligentes y recuerdan cada experiencia y se hacen más marrulleros con la edad.

Especies semejantes

4   La corneja es una copia en pequeño del cuervo, también con todo el cuerpo de color negro pero con el pico menos potente. En vuelo, el cuervo tiene la cola puntiaguda y la corneja, en cambio, la tiene redondeada.

Grajilla
Corvus monedula

¿Cómo es?

1 La grajilla también es negra como el cuervo, pero mucho más pequeña, del tamaño de una paloma, y con el cogote de color ceniza muy vistoso en los ejemplares adultos.

¿Cómo vive?

2 A diferencia de cuervos y cornejas, las grajillas son aves muy sociales que casi siempre encontraremos viviendo en grupos donde todas. las aves se conocen a la perfección, tanto por lo que respecta al físico como al carácter de cada una. Comen casi cualquier cosa comestible, desde insectos y gusanos hasta fruta, desperdicios de los vertederos y cualquier animalejo que puedan capturar. Nidifican escondidas en rendijas de taludes, en agujeros de árboles o en edificios abandonados.

Curiosidades

3 La grajillas han aprendido también a convivir con los hombres y a veces instalan sus colonias en pleno centro de pueblos y ciudades, en agujeros de edificios altos como torres y campanarios. Entonces buscan la comida en los parques urbanos, donde aprovechan desde trozos de pan hasta todo tipo de desperdicios. En Europa esta vertiente urbana de las grajillas es aún más acentuada y a menudo compartida con otros córvidos más grandes y vistosos: las cornejas cenicientas.

Especies semejantes

4 Los otros córvidos de color negro (el cuervo y la corneja) son claramente más grandes. Al salir de un agujero de un árbol, se podría confundir, en todo caso, con el pito negro, que es de un tamaño parecido, pero es difícil encontrar lugares donde convivan las dos especies.

Arrendajo
Garrulus glandarius

¿Cómo es?

1   Del tamaño de la urraca, pero con la cola mucho más corta. En vuelo, destaca mucho el obispillo blanco que resalta del resto del cuerpo, de un tono general marrón claro. Visto de cerca, se aprecian enseguida un grupo de cobertoras alares, que son finamente barradas de negro y azul celeste.

¿Cómo vive?

2   Son aves sedentarias que viven en todo tipo de bosques. Tienen buenas uñas y buen pico, lo que les permite cazar pájaros jóvenes, insectos y otros animalitos. El nido es una plataforma de pequeños ramitas, situada en una rama, a menudo cerca del tronco principal. A veces también crían en enebros y otros arbustos. Son muy desconfiados y abandonan el nido con facilidad si notan que alguien los ha descubierto. En invierno, cuando la comida escasea, el arrendajo recorre a cualquier cosa comestible y se acerca incluso a los comederos artificiales, donde come el maíz ávidamente. También recoge bellotas y las esconde en un agujero o las entierra en el suelo, de manera que siempre tiene una despensa, aunque muchas veces se olvida de algunos de los "tesoros" que ha enterrado, y muchos robles deben su existencia a esta afición de los arrendajos. Saben perfectamente que las aves rapaces son sus peores enemigos, así que cuando localizan una rapaz posada, la rodean y la abroncan con la intención de obligarla a marchar.

Curiosidades

3   Capturados de pequeños, los arrendajos viven bien en cautividad si uno tiene cuidado de alimentarlos bien. Entonces llegan a ser muy mansos, y reconocen al cuidador hasta cogerle la comida de la mano. En estas condiciones, aprenden enseguida a imitar sonidos extraños, e incluso a pronunciar algunas palabras.

Urraca
Pica pica

¿Cómo es?

1 Inconfundible, lleva un vistoso traje blanco y negro, con una cola muy larga. El "canto" es un "chac-chac-chac" fuerte, que se oye de lejos, fácil de identificar.

¿Cómo vive?

2 Son aves inteligentes y sedentarias que viven en zonas abiertas, cultivos, cercanías de bosques y a veces dentro de los pueblos. Son muy adaptables, y pueden comer casi de todo, tanto insectos e invertebrados como materia vegetal, pequeños pajarillos y ratones. También acostumbran a recorrer los vertederos y a menudo se alimentan de carroñas. Cuando comen de los animales accidentados en las carreteras, tienen mucha habilidad para esquivar los coches, de manera que es muy difícil que se dejen atropellar.

Las urracas construyen nidos voluminosos en la punta de los árboles más altos, hechos de ramitas y cubiertos por la parte superior. El interior está forrado con una capa de barro de varios centímetros de espesor, y recubierto con una fina capa de raicillas. El conjunto es un nido muy seguro y acogedor. Ponen seis o siete huevos, pero no todos los pollos llegan a salir del nido. Las urracas son aves muy sociables. Cuando identifican algún peligro, gritan y atraen a otras urracas que se presentan en el lugar de los hechos para hacer piña contra el intruso. Muchas veces, la estrategia funciona a la perfección.

Curiosidades

3 Las urracas sienten una atracción especial por los objetos brillantes, que se llevan con el pico y esconden quién sabe dónde, y esta "afición" es el origen de muchos cuentos que hablan de aves ladronas que identifican y roban las joyas y otros objetos de valor.

Rabilargo
Cyanopica cyanus

¿Cómo es?

1 Un pariente de la urraca, un poco más pequeño, con la misma forma y la misma manera de moverse, pero con una coloración muy diferente e inconfundible: cabeza negra, cuerpo claro y alas y cola de color azul-plomo.

¿Cómo vive?

2 A menudo los veremos en grupos, tanto en invierno como en la época de cría. Anidan en árboles, en nidos aplanados como los arrendajos, una cazoleta típica hecha de chamarascas y forrada con raíces y otras fibras vegetales. En la época de cría, los rabilargos mantienen su instinto social y crían también juntos, con los nidos repartidos en colonias laxas.

Los rabilargos viven en el sudoeste de la península Ibérica, son frecuentes en Extremadura y los encontraremos también en Portugal, pero en cambio no viven en Marruecos ni en ningún otro lugar de Europa, aunque, en general, parece que la población va aumentando lentamente. Necesitan zonas con árboles más o menos dispersos aunque no sean autóctonos, se conforman con frutales o plantaciones. La alimentación es muy variada, desde insectos, lagartijas y cualquier pequeño animalillo que se ponga a su alcance hasta frutas, bayas y semillas. En Doñana se acercan a los centros de visitantes, hurgan en los desperdicios y aceptan incluso las migajas de pan.

Curiosidades

3 El rabilargo tiene una distribución muy curiosa. Aparte de la pequeña población ibérica, la mayor parte de los efectivos de la especie viven en el nordeste de Asia, desde el Tíbet y el lago Baikal hasta Corea y Japón. Los científicos aún no se han puesto de acuerdo sobre el origen de esta distribución repartida en dos poblaciones tan lejanas entre sí.

Chova piquirroja
Pyrrhocorax pyrrhocorax

¿Cómo es?

1 Inconfundible, es la única ave negra con pico y patas de color rojo brillante, mucho más grande que una paloma.

¿Cómo vive?

2 Son pájaros gregarios que sobrevuelan los acantilados en grupos más o menos grandes. Sus graznidos de contacto se oyen a distancia y forman parte del ambiente de la alta montaña, aunque también pueden vivir en desfiladeros cerca del mar o en cortados fluviales. Anidan en grietas de los acantilados, o también dentro de cuevas y simas, donde instalan sus nidos construidos con ramitas y forrados con lana de cordero, escondidos dentro de las grietas más inaccesibles. Son un caso único en la familia de los córvidos, ya que su pico largo y delgado es una adaptación a una dieta básicamente insectívora.

Curiosidades

3 Pese a su querencia a las zonas de montaña con grandes acantilados, las chovas piquirrojas son muy adaptables y también habitan algunas regiones secas del interior absolutamente llanas. Entonces conviven con las grajillas y las palomas zuritas y nidifican en edificios abandonados.

Especies semejantes

4 Las chovas piquigualdas son muy parecidas, pero tiene el pico amarillo en vez de rojo, y claramente más corto. Es un ave estrictamente de alta montaña, que se acostumbra a la presencia humana y se acerca a veces a las estaciones de esquí a buscar comida. En España habita solamente en los Pirineos y la Cordillera Cantábrica.

Verderón
Carduelis chloris

¿Cómo es?

1   Del tamaño de un gorrión. El macho es de un elegante color verdoso con franjas amarillas en las alas y la cola. Las hembras, sin perder la dominante verdosa, tienen tonos mucho más apagados.

¿Cómo vive?

2   Es un granívoro, pariente próximo de los luganos y los verdecillos, que evita los bosques espesos y busca zonas abiertas con árboles dispersos. De hecho, crían a menudo en árboles de jardín como los cipreses, en el arbolado callejero de pueblos y ciudades y en cultivos de frutales, especialmente naranjales. En España es presente todo el año en menor o mayor cantidad aunque en invierno la población aumenta con la llegada de aves invernantes procedentes del norte.

Curiosidades

3   Los verderones tienen una especial predilección por las semillas del cáñamo y, en invierno, aceptan fácilmente la comida de los comederos artificiales, donde eligen si hay las pipas de girasol, que abren con habilidad para comer sólo la semilla. Junto a los pinzones, los jilgueros y los pardillos, los verderones también han sido capturados tradicionalmente para mantenerlos enjaulados y gozar de su canto.

Especies semejantes

4   El verdecillo y el lugano son pájaros de la misma familia que tienen ambos tonalidades verdosas, pero claramente más pequeños. El verdecillo tiene el plumaje verdoso pero manchado de listas grisáceas y el lugano, también de color general verdoso, se distingue por un conspicuo casquete negro sobre la cabeza.

Jilguero
Carduelis carduelis

¿Cómo es?

1   Ave muy popular. Ambos sexos son semejantes, pero los machos tienen la mancha roja de la cara un poco más grande.

¿Cómo vive?

2   Los jilgueros son aves granívoras especializadas en sacar semillas de inflorescencias donde otras aves no tienen acceso. Ellas utilizan su pico estrecho y puntiagudo y se cuelgan de los cardos hasta que han extraído todas las semillas, cogiendo posturas casi tan acrobáticas como los carboneros con una tira de cacahuetes. Los jilgueros son pájaros de zonas abiertas, campos y cultivos. En invierno son más abundantes por la llegada de muchos ejemplares del norte de Europa, pero también hay muchas aves que crían en el país. Anidan en árboles a poca altura, a menudo cerca de zonas habitadas o dentro de los pueblos, en los árboles de las calles, de la misma forma que los verderones. El nido es una cazoleta típica. Ambos adultos tienen cuidado de los jóvenes.

Curiosidades

3   La combinación de los colores vistosos y el canto agradable hacen del jilguero uno de los pájaros que más a menudo son capturados y mantenidos en cautividad. En los concursos de canto, los jilgueros son siempre los más representados, y en algunos concursos se pueden juntar más de un millar de pájaros encerrados en pequeñas jaulas. Los jilgueros son parientes próximos de los canarios, hasta el punto que en cautividad es posible cruzar las dos especies y obtener híbridos que se mantienen enjaulados como pequeños monstruos caseros. En algunas zonas, especialmente en Andalucía, los jilgueros son conocidos también como *colorines*.

Piquituerto común
Loxia curvirostra

¿Cómo es?

1   Un poco mayor que un gorrión, y muy fácil de identificar por su pico especial, con las mandíbulas cruzadas, que es único en todos los pájaros de nuestra fauna y que la evolución ha preparado expresamente para abrir las piñas de los pinos silvestres. El macho es rojo y la hembra tiene tonos verdosos más apagados.

¿Cómo vive?

2   Los piquituertos son especialistas en explotar una fuente de alimento que ningún otro pájaro del país puede aprovechar. Tienen patas y dedos fuertes que les permiten colgarse cabeza abajo como los loros para buscar alimento. Su especialidad es hacer palanca con su pico tuerto y abrir una por una todas las brácteas de las piñas pequeñas del pino silvestre y el pino negro, para acceder a los piñones diminutos que hay en su interior, que son la base de su alimentación. Su dependencia de los piñones es tan importante que crían en función de la productividad de los pinares sin importarles la época del año. Su distribución en España está estrechamente relacionada con los bosques de coníferas de las vertientes mediterráneas, nidificando también en Mallorca. Durante la época de cría son pájaros muy discretos, pero en invierno, en cambio, se desplazan en grupos y son muy fáciles de observar, a menudo desde los mismos refugios de las zonas de montaña.

Curiosidades

3   Las piñas abiertas por los piquituertos se pueden identificar porque las brácteas quedan abiertas y estrujadas, pero enganchadas al corazón de la piña. Las ardillas y otros roedores que comen piñas cortan las brácteas una por una y dejan el corazón de la piña totalmente pelado.

Camachuelo común
Pyrrhula pyrrhula

¿Cómo es?

1 Inconfundible, del tamaño de un gorrión, pero más regordete. El macho tiene el pecho entre rosado brillante y rojo-fucsia. La hembra, más discreta, viste un apagado vestido pardo. Ambos sexos tienen la cabeza negra y el obispillo blanco, muy visible en vuelo. Su canto monótono, que consta de un silbato corto y agudo muy repetitivo, también es fácilmente identificable.

¿Cómo vive?

2 Los camachuelos comunes habitan bosques húmedos y frescos, donde se alimentan de semillas, bayas, hierbas y también insectos y arañas. Son muy territoriales, y construyen sus nidos en árboles y arbustos, normalmente a poca altura. La hembra sola se encarga de la incubación, pero el macho le trae comida al nido.

En España habita todo el extremo norte del país, desde el norte de Cataluña hasta Galicia, incluyendo toda la Cordillera Cantábrica. En primavera y verano son aves básicamente forestales. En invierno, sin embargo, su comportamiento cambia y es posible verlos en pequeños grupos buscando comida fuera de sus zonas de cría, incluso dentro de pueblos y ciudades. Entonces tienen una predilección especial por los brotes tiernos de los árboles de hoja caduca.

Curiosidades

3 El camachuelo común es apreciado más por su belleza que por su canto, pero se trata de una especie protegida por la ley y, por lo tanto, cazarlo y mantenerlo en cautividad está totalmente prohibido.

Pinzón común
Fringilla coelebs

¿Cómo es?

1 Del tamaño de un gorrión, el macho tiene cara y pecho pardos, la espalda verdosa y el cogote gris. En vuelo, destacan las manchas blancas en las alas y a los laterales de la cola. La hembra es parecida pero menos vistosa.

¿Cómo vive?

2 Es un granívoro que anida en todo tipo de bosques, con preferencia por los robledales, hayedos y otros bosques húmedos. El nido es una cazoleta decorada con musgos y líquenes que se integra bien con el entorno. Aunque los adultos comen muchas semillas, los pequeños son alimentados sobre todo a base de insectos. Nidifica en casi toda España, aunque es más fácil verlos en invierno o bien de paso cuando vuelan en grupos de cientos de ejemplares, buscando comida en zonas abiertas, campos y prados, a veces mezclados con pinzones reales y otros fringílidos. Para llegar al lugar de invernada viajan si es preciso miles de kilómetros. De hecho, el anillamiento ha demostrado que pájaros nacidos en el norte de Europa invernan en España.

Curiosidades

3 Los pinzones machos han sido capturados por los hombres desde la antigüedad, para gozar del canto de los pájaros enjaulados. El canto de los pinzones varía según su región de origen, y los pajareros expertos pueden reconocer muchas variedades de canto.

Especies semejantes

4 El pinzón real, que cría en el norte de Europa y se presenta sólo en invierno, tiene el obispillo blanco y, en su plumaje invernal, la cabeza y la espalda moteados.

Gorrión común
Passer domesticus

¿Cómo es?

1   Quizás el ave más conocida, con el pecho y garganta negros, mejillas claras, cogote marrón y una mancha gris encima de la cabeza. Las hembras y los jóvenes son de un color marrón-cenizo más uniforme y apagado.

¿Cómo vive?

2   Viven de los hombres hasta el punto que llegan a huir de los lugares deshabitados, y aumentan enseguida donde se instalan granjas u otros establecimientos humanos. Durante la mayor parte del año, se alimentan sobre todo de semillas, pero durante la época de cría alimentan a sus pollos con gran cantidad de invertebrados, así que compensan un poco el daño que pueden provocar cuando se alimentan en los sembrados, en los almacenes o dentro de los gallineros. Suelen anidar aprovechando agujeros naturales, muchas veces en las paredes o debajo las tejas de las casas de campo. Los gorriones son parientes próximos de los pájaros tejedores africanos, y a veces anidan en colonias en los árboles. Entonces los nidos son grandes bolas de hierba y paja ancladas entre las ramas, con un agujero lateral de entrada.

Curiosidades

3   Antiguamente, en algunos ambientes rurales, aprovechaban las ollas viejas de cerámica para construir "ollas-nido" para los gorriones, pero el interés no era proteccionista, precisamente. Agujereaban las ollas por su base y las colgaban de cara a la pared. El interés era descolgar las ollas de vez en cuando y recoger los jóvenes volanderos para cocinar arroz con gorriones.

Especies semejantes

4   El gorrión molinero es más pequeño y más arisco que el gorrión común, y prefiere el ambiente rural a los pueblos y ciudades. Machos y hembras son semejantes, con la cabeza marrón y una mancha negra en cada mejilla.

Índice